名师名校名校长

凝聚名师共识
固态名师关怀
打造名师品牌
培育名师群体

郭明道题

优化思维品质 打造本真课堂

徐洋 著

中国文联出版社

图书在版编目（CIP）数据

优化思维品质　打造本真课堂 / 徐洋著. — 北京：中国文联出版社，2024. 7. — ISBN 978-7-5190-5575-2

Ⅰ. G623.202

中国国家版本馆CIP数据核字第2024Q5N921号

著　　者　徐　洋
责任编辑　刘　旭
责任校对　秀点校对
装帧设计　刘贝贝　李　娜

出版发行　中国文联出版社有限公司
社　　址　北京市朝阳区农展馆南里10号　　邮编　100125
电　　话　010-85923025（发行部）　010-85923091（总编室）
经　　销　全国新华书店等
印　　刷　三河市龙大印装有限公司

开　　本　710毫米×1000毫米　　1/16
印　　张　15
字　　数　206千字
版　　次　2024年7月第1版第1次印刷
定　　价　58.00元

前言

在科学技术不断发展的今天，培养全面的、高素质的、高层次的、高水平的、高质量的、高技术的、高技能的学生，已成为素质教育的必然要求。正确的教学方式对调动学生的主动性、创造力，增进教师与学生之间的关系有着重要的作用。学校对小学生进行语文教育，能够使其培养良好的语言表达能力，了解语文的奥秘。此外，在当今社会经济和科技不断发展的情况下，小学语文教师也应该对传统的教学方式进行转变，使用科学、新颖的教学方法，来引导学生对语文产生兴趣，了解他们的思想，据此对教学方法做出相应的调整，从而提升他们的语文学习能力。如果教师仅仅采取一种老套的教学方法，就会让学生对语文学习产生抗拒心理，进而讨厌语文，导致语文学习成绩下降。

本书首先简单阐述小学语文课程的性质、基本概念、课程的目的与任务、课程的教材等；其次，对小学语文教学的主要内容进行详细的论述，主要涉及识字和写字教学、口语和交际教学、阅读和写作教学；再次，对小学语文课堂教学设计的内涵进行剖析，使学生对其有崭新的理解；从次，对小学语文课堂的教法与学习方法进行改进；最后，从多个角度对小学语文课堂的教学评价进行论述。这一过程可以将近年来我国小学语文课堂教学评价领域的前沿问题全面地展现出来，使读者更好地了解优化思维品质、打造本真课堂的重要性与必要性。本书具有较强的理论性和实用性，对从事小学语文教育的相关人员具有一定的指导意义。

为使本书更具学术性和严谨性，笔者在撰写的时候，参考了很多文献，还援引了很多专家和学者的研究成果，由于版面所限，无法一一列出，在这里向他们致以衷心的谢意。因为时间紧迫，笔者能力有限，所以在编写上，可能会有一些不足，还请大家多多指正，给出一些建议，使笔者在以后的写作中能够改进。

目录

第四章　小学语文课堂学生有效的学习活动

第五章　小学语文课堂教学评价

第一章

小学语文课程概述

第一节　小学语文课程的性质

一、课程的内涵

在小学教学中，课程是一个重要因素。“课程”一词应用广泛，意义多样，变化无穷。课程是与教育实践、社会以及教育活动共同存在的。人们在对“课程”概念的认识上，有如下趋向：由重视“知识点”转向“重视学生的经验和体验”；由对目的规划的重视转向对流程自身的重视；由侧重于教材中的某一要素转向侧重于教师、学生、教材和环境等多要素的综合；由重视“显性”课程转向“显性”和“隐性”课程并举。

在国内，有些学者的观点是：课程是根据特定的教育目标，在教育者有计划、有组织的引导下，受教育者与教育环境交互作用，从而使其能够对身体和心理发展产生有利影响的全部教育内容的总和。教学内容的综合包含专业课、活动课、情境课等，有显性课程和隐性课程两个方面。

二、小学语文课程性质的具体表现

（一）小学语文课程的工具性

语文是什么？我们平时讲的话是口头语言，写在纸上的是书面语言。语就是口头语言，文就是书面语言。将口头语言和书面语言结合起来，就叫语文。列宁曾说过："语言是人类最重要的交际工具。"斯大林曾说过："语言是一种工具、一种武器，是人们彼此交流、交换思想、达成相互理解的工具。"当一个人"学会了看书写字作文，那他们出校后的发展就有了一种常常用得着的基础工具了"（毛泽东语）。这些论述都表明语文本身就是一种工具，也是作为一种"生活""学习"和"发展"的手段。

让我们想一想：人们用什么来表达自己的思想、表达自己的情感、进行自己的思考？人们相互之间通过什么方式进行思想和情感的交流，把期望值变成现实呢？怎样才能使整个人类的文明得以积累和延续？通过对这些问题的解答，我们可以明确地了解语文教学的"工具性"：①语言和文字是学生进行思考的手段；②语言和文字是人们进行思想交流的手段；③语言和文字是学生掌握科技与人文知识的重要手段；④语言和文字为学生在未来的工作中提供必备的技能。

工具性是语文学科与生俱来的基本性质。语文的"工具性"意味着语文自身具有表达思想、交流思想、进行人类思考和其他科研的功能；语文还能作为一种文化载体，传播一种社会价值观，使整个社会得以维持和发展。因此，《义务教育语文课程标准（2022年版）》（以下简称《语文课程标准》）提出要指导学生正确地理解和运用祖国语言文字，提高阅读、写作和交际能力，发展学生的语感和思维，养成学习语文的良好习惯。语文课程教育的工具性就在于掌握语文这种基本功。以此为手段，探寻生命的意义、提升生活品质、提升生命价值、体悟精神自由。任何一门课程，都需要这样的基础知识。

所以，"工具属性是语文的根本属性，它是一种不可撼动的属性"。语文课程的目的，就是要让学生能够学习认字、学习阅读、学习写作、学习口语交际，进而掌握这一系列的技能，以便他们能够利用语文这一工具来表达自己的思想感情、发展自己的思维能力，达到交流和沟通的目的，最终完成社会性活动。与此同时，为“学生全面发展和终身发展”打下坚实的基础，让他们可以进行独立的学习，这是语文的基石与根本，不可撼动。离开这一环节，语文教学将会变得虚脱，思想教育将会失去依托。

（二）语文课程的人文性

一是认为语文作为一种文明的主要成分，具有十分丰厚的思想和文化意蕴，是文化成果的凝聚。语文教学应充分发挥其文化、教化的作用，努力提升学生的道德素养和美学素养，培养其优秀的品格和健康的人格。二是强调语文教学应该以人为本、以人的生命价值和人的尊严为本，要重视每一位学习者的独特性、差异性，重视他们独特的感受、体验和理想。

可以看出，语文的人文性蕴含的思想，更多的是对语文教学中的人文精神的重视。“人文精神是对人的存在的思考；是对人的价值、人的生存意义的关注；是对人类的命运、人类的痛苦与解脱的思考与探索。人文精神更多属于人的终极关怀，显示了人的终极价值。”（高瑞泉《人文精神追踪》）这意味着，首先，语文教学必须以人的视角，尊重和珍视学生的生命，以“人情”与“人本”的视角来诠释课文，以“人”与“人”的交融来培养人与发展人；其次，要注重人的全面发展，尤其是在精神层面、道德层面和文化层面，培养有人文情怀、有文化品位的人；最后，注重文化的传承、复兴和发展，使学生成为历史文明和文化传统的继承者和创造者。杨再隋曾指出：“就语文而言，人文性主要指尊重儿童的天性，发展儿童的个性，启迪儿童的灵性，诱发儿童的悟性，激发儿童的创造性，以及对人的理解、关心和信任。”

因此，《语文课程标准》中提出要加强对民族自豪感的教育，要加强对语文的热爱，要有良好的思想品德，要有开阔的眼界，要重视对创造力的训练，要有较强的文化品位和美学修养，要逐渐形成正确的世界观、人生观、价值观。

语文的综合性和通用性，使其不仅仅是单纯地传授某些学科的知识和技能。它要教人明理，学会思考；教人创造，开启智慧；教人崇德，净化心灵；教人审美，热爱艺术；等等。语文是人类获取文明成果、学习先进文化、建设精神文明、履行文化使命的重要“武器”，是人类完成文化使命的重要手段。在一定程度上，语文不仅是一门纯粹的学科，而且是一门“人”的学问。

（三）语文课程的基础性

作为小学阶段的主干学科，语文在小学阶段的教学中占有重要位置，对小学阶段的教学有着重要的意义和作用。为学生将来走向社会、服务社会、学习做人打下坚实的基础；为学生的终身学习打下坚实的基础。小学语文要培养学生理解与运用祖国语言文字的能力，无论一个人未来的工作是什么，甚至是自己的发展，都需要听、说、读、写这四项基本技能。在语文的文化知识和语言技能的训练中，学生的情感、道德和心理得到健康发展，进而为学会做人和认识世界打下良好的基础。语文教科书应以基础知识和语言规范为主。即使是高层次的经典作品，我们也只能从最根本的地方去学习“一瓢饮”，而语文的练习更要从最根本的角度去进行。如此，才能让同学们在多个方面都打下扎实的基本功，进而达到长期发展的目的。那些过难或过易的教科书、过高或过低的要求、过深或过浅的讲解、过粗或过细的赏析、过繁或过简的训练等，都不适合于语文教学，原因在于，这些都在功能上不同程度地偏离语文课程综合的基础性。

（四）语文课程工具性和人文性之间的关系

工具性是语文的基本性质，是语文的本性，强调形式和技巧，即强调交流的作用。人文性是语文课程的本质特征，强调内容和教育，即强调教育的作用。基础性强调语文在基础教育、终身教育等方面所具有的独特价值与地位，即强调语文发展的作用。

在这一理论体系中，“工具”与“人文”是一种相互渗透、相互促进的辩证统一关系。两者是一体两面、相辅相成、无法分开的。语文，作为一种外在形式，必须要有某种观念，它的文化意蕴就是用汉字、词语、句子、段落等语言单元表现出来的。

对于一名语文教师来说，要想做到把“工具性”与“人文性”有机结合起来，就应该把语文工具的学习当作基础、载体和依托，培养出一种具有人文气质的人格。在进行教学的过程中，要指导学生用自己的语言来体会作者的思想情感，如果不用自己的语言来体会，而仅仅是将自己与文本隔离开来谈论情感，那么这种情感也就成了一种虚幻的东西，也就是说，这种情感的获取方法并不能真正地反映语文课程的特色。同时，要让学生在充满生命活力的学习活动中，在情趣激发、情感熏陶的训练中提升自己的语文基本功。

因而，我们若仅注重“工具化”，而忽略“人文化”，仅仅停留于“语文”的形态，那么，“语文”便会丧失其“魂”与“气”、“气”与“神”的关系，也会使“神”与“灵”、“灵”与“用”的关系随之消失，从而使“学”与“教”脱节。如果仅强调“人文化”，而把“人文化”与“工具化”分开，在“空谈”中高谈阔论，那么“语文”就会成为“乌托邦”，而“人文化”根本就不可能实现。要使语文教学的工具化和人文化相统一。

例如，《锡林郭勒大草原》这一课的讲授，既是工具的讲授，又是人文的讲授。像说句子、背诵文章这样的工具练习，渗透着浓厚的人文主义情怀——热爱草原、赞叹大自然的美丽，这种人文主义情怀的浸润，与语文的学习密切相关。通过这种方式，使工具式的训练在人文化的关怀下，成为一种自然而然的温暖。因此，我们可以看出，整个课程从头到尾都是一种情感的波动，让学生自己去阅读、去体会、去感悟。让孩子们在融洽的情感中，体会大自然之美，体会学习语言与想象情景所带来的愉悦感。在学习过程中，同学们对草原的认识越来越多，对草原的情感也越来越浓厚。

因此，我们必须对语文学科的本质有一个全面而准确的认识。这将有助于我们更好地理解新课改的目标和要求，更好地掌握新课改的内容和方法，更好地提高新课改的质量和效率。

第二节　小学语文课程的基本理念

一、全面提高学生的语文素养

《语文课程标准》将全面提高学生的语文素养放在四大基本理念的第一位，为我们明确了语文教学的终极目标，因此，该理念被称为语文教学的“目标观”。必须对该理念的内涵、基本属性、培养途径与评估标准进行深入探讨。

（一）理解“语文素养”的含义

“素”有向来之义（如平素、素来），“养”是修养（如教养、学养），因此，“素养”通常是用来形容日常生活中的修养和锻炼。“素养”强调天赋和遗传，也强调后天养成和教育，还强调知识、能力、道德等是通过平时的学习培养出来的。

“语文素养”指长期的语文修养与锻炼。显然，要想获得某种程度的“语文素养”，就必须在日常生活中不断地修习与养成。或者说，需要经过长时间的锻炼，才能掌握基本的语文功底。

丁培忠对语文素养的定义是：“语文素养是一种以语文能力为核心的综合素养。”叶圣陶曾说过：“国文教学的目标，在于养成阅读书籍的习惯，培植欣赏文学的能力，训练写作文字的技能。”因此，语文素养不仅是一个单一的概念，而且是一个由各种因素组成的复合型概念。

（二）“语文素养”包括的基本内容

语文素养作为一种综合性的理念，其内容与组成要素都非常丰富。《语文课程标准》提出：“语文课程致力于全体学生核心素养的形成与发展，为学生学好其他课程打下基础；为学生形成正确的世界观、人生观、价值观，形成良好个性和健全人格打下基础；为培养学生求真创新的精神、实践能力和合作交流能力，促进德智体美劳全面发展及学生的终身发展打下基础。语文课程在推广普及国家通用语言文字、增强凝聚力、铸牢中华民族共同体意识，建立文化自信、培育时代新人，实现中华民族伟大复兴等方面具有不可替代的优势。”

由此可以看出，《语文课程标准》所提出的“语文基础素质”包含以下八个方面。

（1）对祖国语文的爱与情感。爱国情怀主要表现为对祖国语言文字和文化的热爱。

（2）对祖国语文的认识与使用。该课程的总体目标包括：①对祖国语文的尊敬；②对当代文化的关注，对多元文化的尊重以及对人类优秀文化的汲取；③养成语文学习的自信心和良好习惯；④逐步培养实事求是和崇尚真知的观念；⑤以积极的方式进行语文学习；⑥对自己的语言行为负责，无论是在口头上的还是在书面上的。

（3）语文知识的积累。其中，在语文素养方面，九年制义务教育要求学生会背诗词240首，校外阅读超过400万字；要求了解词的基本分类、短语的结构、单句的成分、复句（限于二重）的类型等语法知识和常用的修辞。

（4）语感较强。语感是指诉诸意象、依靠直觉、领会并体味语言文学中的内涵与趣味的一种能力。语感强调的是个人的体验、个人的感悟、个人的语言修养。

（5）思维能力。发展思维能力是各学科的一个共性，特别是在语文教学中，更应该注重对想象力和创造力的开发，使学生对科学的思维方式有一个基本的了解，并养成良好的思维素质。

（6）语文能力。主要内容有：识字写字能力、阅读能力、写作能力、口语交际能力。

（7）品行修养和审美情趣。

（8）良好的个性和健全的人格。个性是一个人有别于其他人的相对稳定的心理活动特性（性格、兴趣、能力、爱好、气质、才能等）的总和。所以，个性是个人面貌的独特侧面。在语文的基础上，对学生的自信、自主和坚韧性等人格品质进行培养，同时还应该对学生的语言习惯、语言风格、语言品位等进行培养。健全的人格除了包含社会主义道德品质、积极的人生态度和正确的价值观、文化品位和审美情趣，还应该包含较强的社会适应性、健康的生活趣味等。

其中的各个方面并非在一个层次上，也并非彼此并行，它们在构建语文素养方面的作用也不尽相同。听、说、读、写是形诸于外的显性的言语行为；语文知识、语文技能、语文感悟、语文思维是语文学习的职能要素；语文学习动机、情感态度、语文学习习惯以及自身意志力是影响和控制这种语文活动的最直接的心理因素，而这种语文活动的背后，则是说话者的品德修养、文化积累、智力水平、个性等。在语文学习的过程中，只有将这三个隐性要素都激发出来，才会产生形诸于外的、丰富的、主体的听、说、读、写的言语行为。这些显性与隐性的要素互相融合，不断升华与发展。

新版《语文课程标准》明确指出：语文教学的使命是努力培养和发展语文素养。“语文素养”是以人的生命发展为基础的一种教育，在“语文”这一学科中，既有“纯技能”，也有“语言文字技能”；它不能把语文课程异化为思想政治科，但又包含思想性和道德品质教育；它不能把语文课程划分为“文科”“艺科”，但又包含文学欣赏和品位和艺术鉴赏与审美能力的培育。其归根结底就是“素养”，即“修养”和“品位”，因而自然而然地包含人文情怀、文化品位、个性培养等内容。

（三）理解“全面提升语文素养”的含义

“全面提升语文素养”包含三个含义：全员、全方位和全过程。

1. 学生的语文素养要全员提高

在20世纪80年代，联合国教科文组织发布了一份名为《学会生存》的研究报告提出，要在“地球村”更好地学习、更高效地工作、有更高的生活质量，每个人都要具备五项基础技能：听、说、读、写、算。其中，听、说、读、写都是语文素养的一部分。这就要求我们要树立全员提高的意识，着眼于全体学生的语文素养。所以，语文教学应该针对所有同学，不应该只针对最优秀的或大部分同学。这就需要基础教育从“精英化”向“大众化”转变，从“应试化”向“素质化”转变。

2. 学生的语文素养要全面提高

丁培忠先生说：“一个人的语文素养至少包括他的语文能力、语言积累、语文知识、学习方法和习惯以及认知能力、人文素养等。”

所谓“全面提高”，就是要把这些因素结合在一起，就是要关注语文素养中每一项的培育与养成，而不是把注意力集中在一两个领域。所以，在学习语文的过程中，我们应该把重点放在对基础语言技巧的培训上，同时也应该注重语文的影响力，这样才能更好地培养出我们所要学习的语文能力，并使学生能够更好地理解我们所要学习的语文知识。将这两个因素作为基础培养和训练各个方面的语文素养，从而促进学生各个方面语文素养的形成和发展。

3. 学生语文素养的提高是一个过程

语文素养是一种渐进、持久、不断发展的过程。语文素养各因素并不是一朝一夕就能培养和养成的，它需要一个循序渐进的过程。这就要求我们要有“过程”的观念，对每个阶段和每个方面的素养都给予高度的关注。

综上所述，“语文综合素质的提升”，就是要我们既关注每个学生自身“语文”素养的培养，又关注其“人”的全面发展；要注重引导学生语文素养的形成，让其经过一个不断丰富、逐步完善的过程。

（四）实施“全面提升语文素养”的途径

按照新课标的要求，在教学中贯彻并体现“全面提升语文素养”的教育思想，具体应做到：①在语文方面有良好的功底；②以培养学生的基础能力为重点；③重视对语言的积累、理解与应用；④重视对学生的思想教育，重视对学生的影响，做到循序渐进。

二、正确把握语文教育的特点

语文学科的主要特征是人文内涵丰富、实践性强、民族特色明显。具体来说，针对语文学科的特征，我们的语文教学应做好如下工作。

（一）关注语文课程丰富的人文内涵对学生的影响

《语文课程标准》明确提出语文课程要使学生具备良好的品德、良好的美学修养、健全的价值观念、乐观向上的生活态度，而不能使其成为一项额外的工作。要重视熏陶感染、潜移默化，将其融入学生的日常生活中。

语文教学与人类的生命活动和精神活动有着自然的联系，研究语文教学中的许多实例，无异于与这些实例中先哲、时贤的思想情感相结合；语文教学是以其健全、崇高的精神状态去感染、调整、调节人的心理结构。人的思想感情就是人语言实践活动的内容，听、说、读、写的方式也与人的思想感情密不可分，所以，语文课程的人文精神是一个客观的事实，我们应当重视语文课程的人文精神。语文课程中所蕴含的丰富的教学内容，对每个学生的语文素养、艺术涵养、科学精神、品德修养以及文化底蕴、情感意趣、价值追求、良好个性与健康人格的养成，都会产生巨大的作用。《语文课程标准》也指出：语文教学中所蕴含的丰厚的人文意蕴，会深刻而广泛地作用在学生的精神境界上。所以，我们应当注重语文教学的影响，对教学内容的价值导向进行关注，还要对学生在学习过程中所获得的独特体验给予尊重。因此，要正确把握这一学科的“人文主义”，我们应注重如下问题：

1. 重视文本对学生的熏陶感染

南朝梁刘勰《文心雕龙·知音》有云：“缀文者情动而辞发，观文者披文以人情。”就像听歌一般，我们在读文章的时候，会不由自主地被影响、被熏陶。因此，在进行口语教学的时候，当学生与口语材料相联系，他们不可避免地会被字里行间的人物、事件、景色、数据表露的思想、情感、道德、事理感染，或受真善美、假恶丑的影响等，而这种熏陶感染、浸润影响又常常发挥着“随风潜入夜，润物细无声”的效果。

苏霍姆林斯基曾经说过：“对儿童来说，越是不觉得有什么教育性的东西，其作用就越是明显。”语文课本中蕴含着丰富的人文意蕴，要想让这些内容被学生吸纳，并将它们转化成学生自己的人文素养，就必须要指导他们去仔细阅读，仔细理解、体验和揣摩。因此，在语文课堂中，应使学生与语文教材有更多的直接联系，多阅读、多感悟，让其在不知不觉中得到启发、得到教育。

2. 注意文本的价值取向

在孔子看来，“博学于文”和“约之以礼”是教学的两个方面。因此，教师在培养学生“博学于文”的同时，也要指导他们追求真理、追求美好。这就需要我们对教材内容在语文学科中的价值定位进行研究。由于在语文学习资料中，所描写的人物有正邪忠奸之别、记叙的事情有是非曲直之别、抒发的情感有美丑好恶之别、引用的数据有真假虚实之别，还有谋篇布局的高低优劣和遣词造句的得体之别，这些正邪、曲直、美丑、真假、优劣的区别，对于尚未养成人生观、世界观以及是非观念的小学生而言，必然需要成人，特别是教师的指导。在作品中和在社会的实际生活中，世界的多彩、生命的丰富、智慧的多样、性格的复杂，都是值得被引领和爱护的。因此，在语文教学中，要注重对学生价值观念的指导，在语文教学的整个过程中都要体现社会主义主流价值观。如果在学习过程中出现一些偏差，教师就应该适时地进行指导。比如，在学习《狐狸和乌鸦》之后，请同学谈谈对这篇文章的看法。大部分的同学都围绕“做人不能轻信他人的谣传，要不就会被人欺骗”的意思，但有一名同学起身说道：“通过这段文章，我明白了要想获得他人的东西，就必须想办法说他人爱听的话，他心中一开心，就会把好东西送给我。”试想，若不能适时地加以引导，将会使孩子成长为怎样的人呢？因此，要使学生获得更多的语文知识，更好地发挥语文知识的作用，就要注重语文教学内容的选取，注重语文教学内容价值取向的引导。这种引导对于小学生成长和发展具有十分重要的意义。

3. 尊重学生的多元反应

在语文的教学过程中，由于每个人的语言积累和领悟，兴趣、爱好和性格，需求和目的，经历和体验都不尽相同，他们对语文素材的反应常常会呈现出多样性。就像看《嫦娥奔月》一样，开心的人会觉得很美，但伤心的人会觉得很难过。在阅读《跳水》时，有些同学从船长的经历中得到启示，领悟到在紧急关头要冷静、果断，并根据实际情况采取相应措施，有些同学从船长的儿子的举动中领悟到做事要多考虑后果，不要因为一时的好胜心、赌气而置风险于不顾，还有一些同学则认为这件事是因为这水手们的玩笑开过了头，伤害了船长的儿子的自尊，从而让他们意识到，开玩笑必须要有一个度。所谓“一千个读者，就有一千个哈姆雷特”，这种情感差异很常见。这就需要我们在教学中关注学生对同一篇文章的各种反应，而不能以一成不变的结果来约束他们的思想，影响他们的认识。

4. 珍视学生的独特体验（关注个性）

我们语文教师也应该在语文教学中，“尊重学生在语言中独一无二的体验”。要对个性学习时代小学生对字、词、句、段的独特理解与个性体验给予充分的重视，培养他们不唯书、不唯师、不唯上的多元价值判断能力，并肯定他们具有自己的感受和原创的表达能力。

宁鸿彬先生在他的教学过程中，鼓励同学们在面对不同问题时，多动脑、多想、多说，这些都是他激发并维持同学们积极性和创造性的一项重要举措。宁教授认为，实施“三个不迷信”“三个欢迎”“三个允许”等措施，会使同学们的思维更加自由、行动更加自由，可以充分发挥同学们的主动性、积极性、创造力，从而有力地推动同学们的个性发展。

同时，教师也要重视“共性”问题，用主流的价值观对学生进行指导。举个例子，有位教师在讲《彭德怀和他的大黑骡子》这一课时，有同学说："就是在红军没有粮食的时候，彭德怀也不能拿那头大黑骡子和其他五头畜生相提并论，一起宰了。为了让士兵吃饱肚子而杀死自己最喜爱的那头大黑骡子，这是一件大错特错的事情，是一件不仁不义的事情。"听到这个同学的发言，这位教师没有任何迟疑，他说："你的独特见解有一定的道理。"这位教师很明显地认可这种违背人文主义价值观的独到见解，而没有充分地起到引导的作用。在语文学习中，我们在强调语文学习的特殊性时，也不能忽视语文学习的人文性。

（二）加强语文课程教学的实践性，培养学生的语文实践能力

《语文课程标准》明确规定，语文是一门实用性很强的学科，应着重培养学生的语文实践能力，而培养这种能力的主要途径也应是语文实践，而不要过分强调语文知识的系统化、综合性。同时，语文也是一门以母语为基础的教学科目，因此，语文的教学和实践机会是无所不在的。因此，语文教学要使学生与语文素材有更多直接联系，通过丰富的语文实践，把握语言应用的规律；通过丰富的语文教学活动，让学生利用语文教学的各种资源和机会；在丰富的语文教学活动中，培养学生的语文实践能力。因此，在教学过程中，不能按教师分析、讲解、灌输为主，不能按学生听、看等被动接受的学科中心课程的实施方式进行。语文教学的目的就是要让学生具备听、说、读、写和使用语言文字的能力，如果仅仅依靠吸收和储存（接受性学习），很难掌握语文技能和形成能力。

语文教学应强化语文实践。首先，要在语文学习过程中为学生提供更多的听、说、读、写等方面的练习，使他们在语言练习中得到发展。要注重"让学生更多地与语文素材接触"，保证学生有开展自主的语文实践活动的时间和空间，让他们有阅读、思考、表达、展现的时间。其次，要指导他们在课余时间加强语文实践，并以课余作业为主要内容，安排专项的综合练习，使他们能够更好地运用语文教育资源，进行自主的、开放的语文教学。教师要擅长把课堂上的知识带到课堂以外，把课堂以外的知识带到课堂中去，要有计划、有意识地做好规划，做好指导工作。无论是在课堂上进行“扩展活动”，还是在课堂之外进行全面研究，都必须重视“量”。课堂上的“扩展活动”应突出“语文”的特征，要对扩展活动的时长进行适当的控制，要以适当的方式进行。

（三）把握汉语言文字的特点，重视培养学生语感和整体感悟能力

《语文课程标准》明确提出：“语文课程应引导学生热爱国家通用语言文字，在真实的语言运用情境中，通过积极的语言实践，积累语言经验，体会语言文字的特点和运用规律，培养语言文字运用能力。”现代汉语特点：在语音方面，汉语普通话中仅有400余个音节、1300余个读音，这些读音的排列组合使得汉语具有悦耳、柔和、明快、和谐的韵律。这使得汉语具有一种音乐气质。就汉语词汇而言，汉语词汇中以双音节为主，构词方式较为灵活，并在此基础上，不断吸纳古语词、外来词、方言词，使其词汇量日益增加，单是常见词语就达2万余个。所以说，汉语词汇是非常丰富的。就汉语语法而言，虽说汉语语法有一定的规律性，如有实词、虚词、短语的不同结构、常用句式、特殊句式、句子成分等，但是也有一些特殊情况，那就是没有严格的条理，一般都是凭意会、凭理解。在汉语中，一些词语和句子是可以意会的，但无法用语言来表达，所以汉语就是表“意”文字。

现代汉字特征：汉字由三个要素组成，即声、形、义；它是一种象形文字，可以根据形状来推测，也可以根据自己的想象力来理解；汉字是方块字，它的外形很漂亮，结构分为笔画、偏旁和字三级，结构方式有四种——象形、指事、会意、形声；汉语中的一个词、一个语素、一个音节，通常都能用一个汉字来记载。汉字的特征是表意性、平面性、对应性。

汉语与汉字在中华文明发展过程中扮演着重要角色，其在中国语文教学中的地位也不容小觑。我们必须对汉语的特征有全面的了解。

针对“识字”“阅读”“习作”“口语”等不同方面的特征，在识字和写字中，要把握好“表意”“形声”“方块字”等特征，把握词语的结构、意义、用法等特征，从而使课堂教学更好地进行，更有效地提高教学质量；在语文阅读中，应特别注重提高学生的语感和整体把握能力；在口语交际、写话与习作中，应充分发挥学生的口语优势，提高书面语的丰富性和个性化表达；在“全面性”教学中，应强化“汉字”和“汉语”的综合应用。在以上的教学过程中，要重视和培养学生的思维能力。

吕叔湘曾提出：“语文教学的首要任务是培养学生各方面的语感能力。”叶圣陶亦曾说：“文字语言的训练，我认为最要紧的是训练语感。”《语文课程标准》在语言的基础上提出“语言的积累和语感的培养”这一要求。语感是指主体对语言进行感知、理解、创造和评价的能力。有好的语感，人们才能体会到语言的奥妙，才能看到语言的本质，才能掌握语言的道理，才能进入一个丰富多彩的精神世界，才能获得文化和美学的享受。夏丏尊说：“在语感敏锐的人的心里，‘赤’不但只解作红色，‘夜’不但只解作昼的反面吧。‘田园’不但只解作种菜的地方，‘春雨’不但只解作春天的雨吧。见了‘新绿’二字，就会感到希望焕然的造化之工、少年的气概等说不尽的情趣。见到‘落叶’二字，就会感到无常、寂寥等等说不尽的诗味来吧。真的生活在此，真的文学也在此。”因此，在语文课程中，特别要注重对学生良好语感和对语言全面掌握的能力。要想培养学生好的语感，就要指导他们多去感悟、多去体验、多去积累、多去应用。要想对学生进行整体把握能力的培养，就必须要避免教师过多的讲解，要避免对整篇文章进行细致的剖析，要让学生多朗读、多复述、多沟通，并可以用列提纲、设置一些有助于理解全文的问题等，来引导他们对整篇文章的理解。在语文教学中，重点不在于学生有没有领会到教师对一段文本的理解，而在于在教师的引导下，在读写的过程中，他们自己感知和领悟到哪些东西，他们又有哪些进展和提升。

三、积极倡导自主、合作、探究式的学习方式

学习方式是学生在完成学习任务过程中基本的行为和认知的取向。新版《语文课程标准》明确提出：在课堂教学中，学生是主体。在语文教学过程中，一定要以学生的身体、心理和语文学习的特征为基础，要对学生的个性差异和学习给予足够的重视，要对学生的好奇心、求知欲进行保护，要将学生的主观能动性和积极性都发挥出来，提倡自主、合作、探究的学习方法。课程的设置和考核手段的选取，都应该有利于学生自主学习方式的养成。语文综合性学习有利于学生在感兴趣的自主活动中全面提高语文素养，是一种培养学生主动探究、团结合作、勇于创新精神的重要方式，应该积极倡导。可以看出，《语文课程标准》将“积极倡导自主、合作、探究学习”的学习方法，贯穿于各个年级的学习目标与教学方案之中。

“自主、合作、探究式”学习与过去的被动和接受式学习相比，可以称得上是一种革新；与以前的闭关自守相比，可以说是一种新的教学方式；与以前的考试和训练相比，是一次彻底的变革。学习方法的变革，使“读死书”变为“读活书”，使“一言堂”变为“群言堂”，学习方式的改革，使学生的自主学习意识、自主学习习惯和创新学习能力逐步养成，从而逐步养成创新能力和实践能力。

(一) 自主学习、合作学习、探究式学习的内涵

所谓的“自主学习”，就是学习主体拥有一个清晰的、明确的学习目的，并且能够对学习内容和学习过程具有自觉的意识和反应的学习方式。与“被动学习”“机械学习”相比，这种学习是指在一定的教学环境中进行的高质量学习，是一种积极主动的学习方式。其主要特征：第一，让学生自己制定有意义的学习目标；第二，学生可以自己选择适合自己的学习方式；第三，学生能够在课堂上进行自主的、有目的的学习；第四，学生可以准确地评估自己的语文学习效果，并根据自己的实际情况进行调整。所以，“自主学习”包含着以发展自我意识为前提的“能学”；以学习为本的核心的“想学”；使学生具备某种学习策略的前提的“会学”；以意志努力的付出为前提的“坚持学”。因此，要提高学生自我导向、自我激励、自我控制的能力，要使学生有强烈的学习动机、浓厚的学习兴趣、明确的学习目标、高度的责任感、坚定的自信心、良好的自控能力。要以学生的需求为中心，营造融洽的课堂气氛。

合作学习是一种相互促进，以达到某一目的的学习方式。与“个体学习”相比，合作学习具有互助性、互补性、自主性和互动性等特点。合作学习着重于在语文教育教学中，注重学生、教师、作者及编者之间的平等参与、多向交流，可以充分发挥教育教学中教学相长的作用。

探究式学习是一种让学生自主独立地去探索、去发现、去寻找问题的解决方法，从而达到自主发展的一种学习方法。与“接受学习”相比，探究式学习是一种从学习或日常生活中选取并确立科研主题，在课堂上营造一种与科研相似的环境，让学生自主地进行问题发现、实验、操作、调研、资料收集与处理、表现与沟通等探究式行为，从而获得知识、技能、情感与态度的发展，尤其是在学习中，注重对学生探究精神与创造力的培

育。它具有问题性、实践性、参与性和开放性等特点。因此，探究式学习强调的是对学生的探究意识、质疑意识、主动寻索、追求真理的意识与能力的培养。“组织小组、确定目标、动口动手、活动汇报、问题反思”是探究式学习的主要内容。

（二）自主学习、合作学习、探究式学习之间的关系

“自主、合作、探究式”是新课标提倡的三种学习方式，但是这三种学习方式并不是一个水平的关系。从学习与发展的主体而言，自主学习是主要的学习方式，应当贯彻在课堂教学中，是合作学习与探究式学习的前提与基础。可以这么说，没有自主学习的合作学习一定是效率低下的，没有自主学习的探究式学习也一定是一种浅薄的探究。所以，在课堂上，我们应该把“自主学习”作为学习的核心内容，并在此基础上，让学生进行合作学习、探究式学习和综合学习。从而有效地提升教师的教学水平，提升学生的整体素质。

通过以上分析，我们可以发现，将自主学习作为教学的着力点和最终目的，合作、互动是一种重要的组织方式，而探究是自主学习的一个过程，它也是我们引导学生进行学习与创新的一种方式。在教学中，应提倡充分自主、有效合作、适当探究。

（三）自主、合作、探究式学习的实施策略

要实现自主、合作、探究式学习，必须从课堂上教师的主导角色向“引导人、组织者”的角色转换，从学生被动接受到主动学习的过程转变。

新课改中“自主”“合作”“探究式”学习不再是空话，要真正落实这一教学模式，必须要改变教学理念，构建民主、平等、和谐的师生关系。倡导个性化学习，并鼓励创造性学习。

倡导个性化学习。作为阅读活动的主体，在阅读过程中，学生对阅

读材料的感悟和理解，具有很强的个人特色。因此，他们的语文学习应当是一个充满个性和诗意的过程。在教学过程中，教师起着引导的作用。在课堂教学中，坚持“以学生为学习主体，以教师为主导”的教学策略。教师是学习的推动者，要将学生的主体地位还给他们，与他们平等地进行对话，并注重学生在学习过程中存在的个性差异，允许他们有自己与他人不同的理解和体会。

鼓励创造性学习。语文作为一门百科全书性质的学科，很容易引发学生的学习兴趣和求知欲，从而能够调动他们的积极性和探索精神，因此，在这一学科中，有充足和广泛的空间来培养他们的创新意识和探索能力。在语文教学中，要注重对学生自主阅读与交流探究的引导，重视学生对问题的探究，重视其对问题的独到认识。

如果说，倡导个性化的学习可以被看作倡导“和而不同”的语言，那倡导创造性的学习则被看作倡导“与众不同”的语言。首先要把他们引向“和而不同”，再把他们引向“与众不同”。

四、努力构建开放而有活力的语文课程

《语文课程标准》明确提出：语文教学要根植于现实，面向世界，面向未来。应该扩大对语文的研究与应用范围，重视对交叉学科的研究以及对现代科学技术的应用，让同学们在各种知识与方法的相互交叉、渗透与融合中眼界更加开阔，从而提升他们的学习效果，让他们能够初步掌握一门符合当代社会需求的语文应用技能。语文课程应当具有开放性和创造性，要尽量满足不同地区、不同学校和不同学生的要求，并可以随着社会的要求进行自我调整和更新。我们应该紧紧抓住现代社会信息技术的发展趋势，积极推进语文教学的改革与发展。这是为了回应旧课程“强调学科

体系严谨性，过于重视经典内容的趋势”和“忽略地域与文化的差异，与社会发展相分离，科学技术发展与学生身心发展规律相违背的趋势”而提出的。

（一）开放而有活力的语文课程的特点

（1）在职能方面，要尽量满足不同地区、不同学校和不同学生的不同要求，并且要不断自我调整和更新，以适应社会要求。

（2）就课程体系而言，其由国家课程体系、地方课程体系和校本课程体系构成。

（3）就课程目的而言，应该包含语文知识与能力、语文学习的态度与情感、语文学习的程序与方式，而非仅限于语文学习的系统性。

（4）就语文课程的生存形式而言，它不再局限于课本、课堂和校园，而是与家庭和社会紧密相连；不仅存在于物理实存空间，而且存在于虚拟的网络空间，它应包括一个人完整的生活世界。

（5）在具体操作上，着重于教师和学生之间的交互作用，着重于教师和学生共同参与的过程。

（6）在管理方面，突出国家、地方、学校、教师、学生、家长等共同参与课程决策的民主管理。

（二）开放而有活力的语文课程的构建

以开放性与生态性为核心，建构开放性与生态性的语文课程。

1. 语文课程的“开放系统”

语文教学是一种可以容纳百川的“开放性体系”。彭刚的《课程理念的更新》提出：“生活的边界就是教育的边界，生活的范围就是课程的范围。”美国教育学家华特·科勒斯涅克曾经说过：“语文学习的外延与生活的外延相等。”可以说，生活的内涵越丰富、越广阔、越深刻，语文课程的内容就越丰富、越广阔、越深刻。它的构成部分具体有：学生的语文学习、家庭的语文生活、校园的语文课程、社会的语文实践、自然的语文资源、网络的语文在线等。

要实现由“死书”到“活书”、由课本“小书”到生活“大书”的目标，就要构建一个走向生活、由“课文”到“生活化”的开放型、充满生机的语文课程。使人由“小我”转向“大我”，使之由“文本”走向“实践”。

2. 语文课程的“生态系统”

要建设这种生态体系，建设具有生命力的语文课程，必须考虑到教师、学生、教材、环境四个要素，并考虑它们之间的交互作用。

在语文教学的生态学体系中，师生是语文教学的两大主要客体。在教师的组织和引导之下，学生的首要任务就是利用自己独特的语言、情感、经历、知识、能力和想象力，来为构建生态系统、构建语文课程做出努力。而在课程建构中，教师除了要进行语文课程的研究与设计之外，更要借助教科书来进行课程的建构，引导学生从“文本课程”到“生活课程”，再到“体验课程”和“实践课程”的建构。

在学科生态学体系中，教科书与环境是学科生态学体系的两大对象。叶圣陶曾说：“教科书只是一个范本。”我们不要“教教材”，而应该“用教材教”。一个好的语文课程和语文教学氛围，将会推动语文课程的教与学，提升语文教与学的效果。因此，我们应该创造适当的空间与时间，创造一个多维的、交互的语文课程环境，创造一个和谐共振的语文教学环境。只有将学生、教师、教材和环境这四个要素之间的主客体关系处理好，实现多方位的交互，才能使整个生态体系充满生命力，让语文课程充满活力，从而让我们能够紧密地跟上现代社会的信息化步伐，不断地推进语文课程的改革与发展。

五、语文课程四个基本理念的关系

语文教学中的四大理念是相互关联的。“全面提升学生的语文素养”是语文课程的宗旨，是语文教学的终极目标（《语文课程标准》指出：“语文教学应该致力于学生语文素养的形成和发展。”）；“正确把握语文教育的特点”是语文课程的过程理念，是开展语文课程教学的基础，是实现目标的前提。语文课程的学习思想是“积极倡导自主、合作和探究式的学习方法”，促进学习由被动变为主动，达到语文课程的目的。“努力建立一个充满生机的语文课程”是其主要内容，语文课程必须从自我封闭状态中走出来，与现实的社会生活、自然社会以及其他学科相结合，唯有如此，才能使学生的语文能力得到全方位的提升，这既是达到这些目的的保证，也是语文课程建设的目的和课程改革的方向。四个基本理念中第一个是目标，后三个是实现目标的手段。“四个理念”既是语文教育实践活动的指南，又是语文教育应遵守的原则。语文教师要把语文课程的基本理念融入自己的思维，使自己的教学运作充满先进的理念，也就是把教学的理念意识化、行为自觉化。

第三节　小学语文课程的教材

一、小学语文教材的功能及选编原则

（一）小学语文教材的功能

教材是教师实施教学活动的依据，它与教师、学生并列为教学活动三大因素。这就是国家对人才的需求，教师怎么教，学生怎么学。

1. 语文教材是课程目标的载体

语文教科书是按照语文教学大纲所确定的教学目标而编制的。所以，在这一点上，小学语文教科书实际上就是新课改所确立的小学阶段课程目标的反映，它从教科书的内容到教科书的编排体系，都是为了满足新课改的特定需求而制定的。一本好的语文课本，应当重视语文素养，它包含语文知识和语文技能获取的逻辑顺序，让教师通过一本课本，就可以非常清楚地知道，在这个学期，要达到怎样的教学目标，还有达到这些目标的过程。

2. 语文教材是教师指导学生学习语文的载体

语文教科书是教师讲授语文的基础。语文教科书既是学生获得语文知识和语文能力的重要依据，又是他们接受思想教育、陶冶道德情操、吸收各种思想营养的媒介。语文教科书通常包括两个部分：一是文本系统，二是练习系统。这两个部分对语文教学进行总体上的界定，并对教学过程和步骤进行了规划，对教学的方式和方法进行了提示，这两个部分是使语文教学达到整体效果的重要途径，同时也是教师引导学生进行语文学习的重要依据。教师打开课本，就可以很清楚地知道这个学期的教学目标是什么，整个课本的教学目标与教学内容有什么内部关系，以及怎样逐步实现教学目标。

3. 语文教材是学生学习语文的凭借

一部优秀的语文教科书，既为教师提供语文的“教本”，又为学生提供语文的“学本”。在编排语文教学的内容和组织结构的时候，既要注重语文知识自身的逻辑性，又要充分考虑到不同年龄段学生的需求、心理特点以及他们的学习方法。当课本内容满足学生的需求，并且在他们的能力范围之内时，他们就会产生浓厚的兴趣；在教学中，根据学生的认知和语文的学习特点来进行教学，对学生的学习和知识积累起到促进作用。

（二）小学语文教材的选编原则

教科书是课程标准目标要求的具体体现，是最重要的课程资源。选择和编写的教科书，必须忠诚于新课改的要求，使之成为教师和学生贯彻新课改的重要依据。《语文课程标准》在其实施意见中，对教材的编制，从教材内容的选择、教材的体例和呈现方式、教材与学生的学习方式的转换，以及教材内容的灵活性等几个角度进行了原则性的规定，反映了当前国际上，我国本土教材编制的发展方向和基本要求。

1. 鲜明的时代性

教科书作为一种新的教育形式，既要符合当代的教学实际，又要体现当代的教学特色。因此，教科书必须体现出强烈的时代感，一是教科书必须体现当代的思想，体现出时代的发展与时代的精神；重视当代的文化生活，体现先进的社会文明；要体现出时代特征的新理念，使学生能够掌握新的思维方式，并在此基础上形成与时代精神一致的价值观。二是在教学中，要体现出新的教学成果、新的教学方法，要有新的教学内容、新思维，要有针对性地应用这些新知识。三是要运用鲜活的时代语言，也就是人们口中最新鲜、最有生命力的语言。它能给学生带来生动的、实际的、有用的语文学习体验。四是在教学内容中，要注重信息技术条件下的教学方法，增加网络教学的机会，注重对信息的多方位获取，自觉地收集信息，自主地进行信息处理。另外，教材的编排与装帧也应体现一定的现代感与时代性，并以国际化为导向。

2. 丰富的人文性

语文教材应具有丰富的人文性，以陶冶学生的人文精神。古人说，“文以载道”。在此，“道”所包含的内容远较以前所理解的任何一种政治学都更为丰富和广泛。它不仅要有政治观念，还要有道德品质、科学思维、审美情趣、学习态度、群体意识、人与自然的和谐相处等内容。因此，对各种类型的教科书，要有针对性地选用：注重正确的价值观；注重对学生的隐性影响；它应该具有丰厚的文化意蕴，发人深省，具有启发意义，而不应该像“白开水”那样毫无生气。要从整体上对教科书的文化结构进行全面考虑，从各个角度给予读者不同的养分。我们可以从多种角度对这种文化的构成进行思考，比如：思想、道德，修身、做人，审美、科学，传统、现代，本民族、外来民族，本国、外国，多种价值观尤其是现代价值观，情感、理性，等等。语文教科书担负着充实学生精神生活的重任，在编写时，要自觉地充实学生的文化积累，以利于他们构建自己的文化知识背景。

3. 科学性和规范性

教学内容的编写要做到科学、规范。其中，教材的科学性是指教材的编排体系要完整、有序，要符合学生的认知规律和语文学习规律。“完整”有两个含义：一是在语文教科书中，要反映出教学的三个维度，要有合理的编排，要有体系；二是将以上三个部分进行整合，使之成为一个整体。所谓“有序”，就是按照学生的心智发展、生活经验来编排，注重培养的连贯性、渐进性；在教学内容上，既要遵循学生的学习特点，又要满足学生的认识程度，注重知识性、趣味性和规律性。教学内容的科学编制也要注重视听材料的发展。语文教科书的标准，首先要选用典范文章、文质兼美；其次，所有的语言文字都应该是规范的、正确的，这样才能真正成为学生学习语文的范例。

4. 开放性和灵活性

要具有一定的开放性和灵活性，在教学过程中，要充分地体现三级课程体系与管理的理念，不仅要将国家基本要求的统一性纳入考量，还应该将各地区的特点都反映出来，从而呈现出多样化的特点。对不同地区、不同学校、不同教师、不同水平的学生，都要有自己选择的余地。在教学过程中，为师生留出足够的活动空间，这是当代教科书编制观念上的一个重大转变，同时也是一种防止教科书过于烦琐的方法。教学内容具有开放性和灵活性，有助于个性化、个别化地教学，可以使各水平的学生都能掌握知识；能有效调动教师的创新精神，营造一种活跃的课堂气氛；有助于提高教科书的适用性。在教学内容上要给予教师足够的弹性，使教师能够在必要时进行替换、补充、删减和修改；在进行训练和活动的设计时，要考虑到多个层次，要有一定的选择性，要有对其必须掌握的基本要求，也要有对其更高层次的要求，以满足学生的差异化需求。自主活动设计的指导要引导学生自主活动，不应包办代替。只有减少束缚、大胆放手，才能使学生的课外活动变得更加多姿多彩。

5. 实践性

小学语文是一门实践性较高的学科。实践具有双重含义：一是语文技能是通过不断实践锻炼而获得的；二是由于语文的工具性，语文技能的培养必须与现实生活相联系。在编制小学语文教科书时，要注重课文前的导读、课文后的练习以及单元后的综合性训练，力求构建出一个相对完善的字、词、句、段、篇的基础知识体系以及听、说、读、写等方面基本技能的实践体系。所以，在课程安排上，应该以学生的自主、合作、探究式学习为导向，以综合学习为基础，以提高学生的语文应用能力和创造精神为重点。

二、小学语文课程教材的使用

叶圣陶曾说过：“语文教本好比一个锁钥，用这个锁钥可以开发无限的库藏。”“锁钥”只是一种依仗、一种工具。利用这个依仗、这个工具，教师一定要对语文教科书有一个正确的认识，而且要对它进行恰当的使用，它的作用才能充分发挥。

（一）新课程倡导的教材观

1. 从教材与教科书的关系看，提倡广义的教材观

狭义的教材，专指教科书；广义的教材，指的是用于教学的材料，它包含教材（教科书），但并不局限于教材，它还包含图书教材、视听教材、现实教材、电子教材等。

2. 从教材内容和教学内容的关系看，提倡“用教材教”，而不是“教教材”

语文教科书内容与语文教育内容并非同一事物，二者既存在着紧密的

关系，又存在着明显的差异。语文教科书内容是指用来有效地反映和传递课程内容诸要素而组织的文字与非文字材料及所传递的信息。从教的角度来看，语文教学的内容是指教师在课堂上提供的各种素材和传递的信息，这其中包含教师在课堂上使用的现成教材，也包含教师对教材内容进行“重构”的过程，即处理、加工、改编乃至增删、更换等。

我们要从过去教师带着教材走向学生、教师带着学生走向教材、学生带着教材走向教师，向学生、教师和教材的平等对话转变，教师不再是被动地传达教材、执行教材、宣讲教材，教师要按照教学需求，灵活地使用教材，注重开发教材以外的课程资源。

3. 从教材与教学的关系看，提倡把教材作为教学的根本依据

新课程从“参与课程开发”和“教学内容创造生成”两个角度，提出“不以教科书为‘圣经’，不做教科书的‘奴隶’”的新课程观。但是，我们不应该因此就忽视教科书的功能。应当认识到，教材是最根本的课程资源和教学资源，教科书是最重要的教材，教材是教学的根本依据。

4. 从教材扮演的角色看，提倡“教本”与“学本”的统一

根据“师生互动”的教学观点，教学过程是师生之间的交流与互动，是师生与文本之间的互动，所以，教科书应当成为教师“教本”与学生“学本”的有机结合。从教科书的作用来看，教科书应当便于教师讲授，也便于学生学习，具有引导作用和导学功能，便于师生之间的交流。在教学过程中，要充分调动学生的积极性，同时要充分激发教师的教学热情。

（二）使用小学语文教材应注意的问题

因为教学观念的差异，导致“用教材教”与“教教材”这两种局面。所谓“教教材”，就是把教学狭隘地理解为传授知识，把教科书当作教学的唯一内容。“用教材教”是新一轮课改所大力提倡的一种教育理念，它强调：语文教学的目的是综合性的，教学的内容不仅是书写在课本上的知识，而且是师生之间、生生之间、学生与环境之间互动过程中所产生的鲜活问题和对这些问题的解答。新课改要求教师从“教教材”转变为“用教材教”。

1. 胸中有“书”

胸中有“书”，指教师备课、上课都要以教材为凭借。首先，“书”是语文教材，应充分发挥教材的教学功能；由于课本是进行教学的根本依据，研究课本是运用课本的先决条件，研究课本的过程就是教师进行“二次创作”的过程。其次，“书”指教材以外的其他与教材相关的教学参考书和教学案例，尤其是教学参考书和教学案例的合理运用。教师自然要胸中有书，但不唯书。

2. 心中有“标”

心中有“标”，就是根据《语文课程标准》、课本备课，并在课堂上有一个清晰的教学目标。由于《语文课程标准》的主要形式是教科书，而教学目标又是教科书的每一部分，因此，只要教师心里有一个清晰的概念，就能知道如何把它运用到教科书上，并根据它的指导来恰当地运用教材。

3. 目中有“人”

目中有“人”，是指教师在运用教材的时候，必须把学生放在心中。教材、教学皆为学生服务，因此，要以“学”来决定教与不教之间的关系。把“学生”放在心里，才能更好地了解他们。

4. 用中有“法”

用中有“法”，即在运用教材时，要把握教材的特性，合理地选用好的教学手段和方法，这是运用教材的一个关键环节。如何正确地选择教学方式，对于保证课堂教学的正常进行和顺利开展，起着举足轻重的作用。为此，应在研究教材、了解学生、把握教学要求的前提下，选取合适的教学方式。在教学中，应选用符合“学”的教学方式，不论采取何种方式，均应具有启发意义，要充分发挥学生学习的积极性和主动性，要有利于培养学生的能力，发展学生的智力，使其具有“自能读书”“自能作文”的能力，从而提高其综合语文素养。

5. 用中求“活”

用中求“活”，就是要注重对教科书的灵活应用。首先，让教科书成为生活的客体。生活是教科书的源头活水。其次，要使学生成为生活的客体。不能将他们看作一个被动的书柜或者被动的接收容器，也不能轻视学生的作用和能力，应该让学生与课本中的人、物、事进行对话，从而使他们的思想变得更加活跃。最后，教师本身就是一个充满灵性与创造力的人，而教科书又为教师的创造性运用开辟了一方巨大的天地。教师可以对其进行挖掘、补充、拓展、调整等。

第二章

立足课堂教学设计
优化学生思维品质

第一节　优化提问策略，培养学生创新性思维

在课堂上，提出问题是一种很有技巧的教学艺术，它可以有效调动学生的好奇心，使其课堂学习效果更好。现在，许多教师都在尝试在课堂上进行多种形式的发问，以提升语文教学的质量，从而使学生能够更好地了解语文，拓宽他们的眼界，发展他们的创造性思维能力。然而，目前我国学校语文教师在实践中仍面临着许多问题，例如问题的盲目性强、问题的针对性差、问题的创造性不足等，使其在实践中的作用大打折扣。因此，语文教师应利用优质的问题来激发学生的积极性，提升课堂提问的效果，让学生更加全面地掌握语文知识，从而提升他们的创造性思维能力。

一、语文课堂提问存在的问题

（一）提问内容浮于表面，毫无深度

问题是课堂提问的载体，问题设置的难易程度直接影响课堂提问的效果。由于孩子们的年纪都比较小、思维水平还比较低，许多教师为了节省

课堂教学时间，他们所设置的问题通常都是流于形式，只是对课本上可以直接呈现出来的问题进行询问，既没有足够的深度，也没有足够的广度，他们很容易就能得到自己想要的答案。看似回答得流畅，其实许多问题毫无意义，限制了学生思维能力的发展。还有一些教师没有与学生的实际情况相联系，他们所提出的问题依然是过去几年的问题，缺少创意和趣味，这导致语文课堂出现一种流于形式的现象，不能充分满足学生的学习需要，也不能在课堂中获得成就感。

（二）提问方式过于随意，缺乏新意

课堂提问是一种为了达到本课教学目的而采取的方式，它的问题要与学生的生活息息相关，要把握好问题的难度，让每一个同学经过自己的努力，都可以得到自己想要的答案。但是，在现实生活中，一些教师的提问方法太过随便，缺少对问题进行细致的设计，在上课过程中，他们会根据自己的想法提出一些问题，没有很强的针对性，而且，他们在问题的内容和形式上都没有创新，有的只是纯粹地为问题而提出，这些都不能有效地提高课堂效率。一些教师在提出问题的时候，并没有对学生的学习情况做出正确的判断，比如，向学习好的学生提出的问题太简单，向学习差的学生提出的问题太复杂，导致“优等生吃不饱，学困生吃不了”。另外，一些教师对问题的选取，脱离教学的重难点，“唱独角戏”，影响语文教育的可持续发展。

（三）提问缺乏相应评价，脱离实际

在课堂上，提问不仅可以将语文知识传递给学生，让他们对语文有更深层次的了解，还可以让学生拥有一种科学的思维方式，从而对他们的语文核心素养进行提升。所以，教师要对课堂提问环节进行回顾与反思，及时、客观地评价课堂提问的效果和学生的课堂表现，找出课堂提问中的问题，并对其进行调整与优化，保证学生能够在问题的解答中获得对知识的理解。然而，有些教师并不注重对问题的评价，不管问题的答案是否正确，也不明确提出需要改进和提高的地方，无法意识到“问”“答”中存在的问题，从而造成学生在学习过程中处于被动状态。还有的教师在对学生进行评价的时候，使用的是一种固定的话语和方式，这种方式与学生的现实生活相分离，因此在评价过程中无法发挥出激发和启发的功能，因此评价过程中存在着不够科学的地方，从而对教学中的提问产生不利影响。

二、语文课堂开展创新教育的具体策略

（一）提问应紧抓课程核心

1. 确定提问目标，培养情感

教学目标是语文课堂教学的主线，教学目标设计得是否合理，直接关系到课程目标是否能实现。在提出问题之前，教师必须首先确定本课的教学目标，然后按照这个目标来设置问题，并确保问题与学生的认识一致，能够为他们创造一个实践的空间，使“三维目标”相结合。在实际的教学过程中，要清楚地认识到问题的实用意义：它是对已有知识进行巩固，还是对新知识的引入？它是用来陈述知识的，还是用来发展学生思维的？它是对情感的升华，还是对所学内容的概括？之后，与教学内容、教学重难点相结合，向学生提出有针对性的问题，激发他们的思维，让他们在解答问题的过程中，不仅可以获取知识，还可以提高他们的思维能力，从而让他们真正爱上语文课程。高效的课堂提问应该符合学生的心理特征，并且要符合他们的发展需要。所以，在进行课堂提问的时候，语文教师要深入学生内心，以他们的兴趣为基础来进行问题的设计，设定一个充满童真童趣的问题，让课堂上的问题具有智慧性、生活性、开放性和操作性，从

而调动学生对问题解答的热情，让他们觉得课堂学习是一件很有意思的事情。

2. 注重提问艺术，发散思维

“学而不思则罔，思而不学则殆。”在课堂上，提出问题是一种很有技巧的教学艺术，要使学生在问题中有所思考、有所疑问、有所启发，从而取得良好的教学效果。在进行教学的时候，语文教师要注重课堂提问的技巧，要给予学生足够的时间去思考，让他们在获得知识的同时，智慧和能力也得到了发展，从而养成良好的语感。但是，有些教师因为跟不上课程节奏，不让学生有足够的时间去思考问题，也不去引导他们，只会匆匆忙忙地把问题的答案告诉学生，有的教师还会采取“自问自答”的方式，将本该由学生完成的学习任务由教师代替完成，这无疑会打击学生的学习积极性，让学生的思维变得迟钝。语文教学要把“课堂”交还给“学生”，在提问之后，不要急于要求学生作答，而是要让他们自己去寻找问题的答案。语文教师还应该以学生的兴趣爱好和关心的方面为基础，多设计一些跟他们生活实际有紧密联系的问题，让他们在回答问题的时候有话可说并有能力说出来，从而让他们的探索欲望与表达欲望得到充分发挥，让他们产生积极的思维活动。语文教师要充分重视学生的个体差异，关注他们中的每个人，特别是在学生出现一些思维的闪光点时，要主动地予以称赞和鼓励，这样才能更好地发掘学生的潜力，让他们的语文素养逐渐提升。

（二）提问应兼顾全体学生

1. 注重问题的难度

问题是打开学生思想大门的关键，合理运用问题，既能活跃气氛，又能开拓学生的思维。这就要求语文教师在教学中要注重问题的难度。如果问题太过简单，学生很容易得到答案，则无法激发他们的学习积极性；

如果问题设计得太过复杂，即使是学生通过深思熟虑，也很难得到自己想要的答案，这样就会使他们感到沮丧，从而影响他们的学习积极性。因此，在课堂上，问题的难度应该在学生的“最近发展区”范围内，通过独立思考或者与他人讨论，让他们可以找出问题的答案，这样可以激发他们的思维，让他们在课堂上获得一种成就感。在遇到比较复杂的问题时，语文教师可以把问题分解开来，根据从简单到困难的原则，来设置阶梯型的问题，让各个水平的同学都能参加到课堂当中，用层层递进的问题来引导同学们的思维，从而取得最佳的课堂教学效果。语文教师还可以以学生的学习水平为依据，对他们进行分级提问，为不同的学生设计出差异化的问题。对于那些语文水平较低、学习能力较差的学生，教师可以多提出一些简单、容易回答的问题，这样可以让他们的求知欲得到充分发挥，从而让他们对语文产生的恐惧心理得到彻底解决；对于语文水平中等的学生，可以提出较多的扩展性问题，使其语文能力得到充分发挥，拓宽学生的眼界；对于语文能力比较强的学生，教师可以提出一些有一定难度和提升性的问题，这样可以将他们的思维引向更高层面。要掌握好问题的难度，让问题能够覆盖到所有的学生，从而激发他们的智慧火花，推动他们的共同发展。

2. 注重提问方式

课堂提问，是激发学生思维的一种行之有效的方法。古人云：“学贵知疑，小疑则小进，大疑则大进。”要获得很好的教学效果，就要掌握好提问的方式，让学生的思维被“问”，让他们的热情被“问”，让他们的创造力被激发出来，让语文教学变得丰富多彩。从不同的视角提出问题，会对学生的思维产生影响。在语文课堂提问的时候，教师要力争从一个新的视角出发，可以将传统的长驱直入式的提问转化为一种委婉的提问方式，利用一些背景资料来引出问题，从而引起学生的积极、主动思考。还可以利用多媒体技术，利用图片、视频、动画等来引出问题，从而引起学生的注意。学生的思想很敏锐，他们的情感也很丰富，因此在进行课堂提问的时候，语文教师也要注意教学语言的应用，尽可能使用亲切、柔和的语言来引起学生的注意，并引导学生亲身体验，以此来提高学生的创造力。在教学中，提出的问题要简明扼要，便于学生把握问题的实质，不需要过多的赘述。教师还要注意到，在问题中要体现幽默和隐藏性，在课堂提问中，不仅要让问题变得妙趣横生，更要让问题画龙点睛，在活跃课堂氛围的同时，保证课堂提问的实效性。在教学中，提出问题的数量并非一定要多，但要注重问题的密集程度，避免出现“盲动”现象。如果问题太多，很可能会造成学生心理上的紧张，甚至会引起他们的厌恶，从而不能起到对他们进行启发和指导的作用。从这一点可以看出，提出问题的方式对调动学生学习的主动性和提高他们对语文学习的要求是十分必要的。

（三）提问应准确把握时机

1. 在内容留白处提问

在语文的教学过程中，许多文本都存在着留白点，如果教师可以利用好这些留白点，并在其中进行适当的设计，那么学生就可以对语文的内容进行准确的把握，从而起到事半功倍的作用。标题就像一扇窗户，让学生可以由标题一窥全貌，所以标题是学生提出问题很好的出发点。但是，一些文章的标题具有含蓄的、引申的含义，教师可以在标题的留白处，向学生提出一些问题，这样就能将他们的问题意识给激发出来，让他们对课文内容有更多的期望值，从而培养他们敢于提出疑问的素质。任何一篇文章，都是由文字和标点符号两部分组成的，而用标点符号配合文字来表达人们的思想与情感，是一篇文章中必不可少的一环。在语文教学过程中，在阅读过程中，有时会发现一些文本中出现一些用省略号留下了空白。教师们可以利用标点留白来向学生提出问题，这样可以帮助他们展开自己的想象力，从而深化他们对文本的理解，扩大他们的思维空间。在语文课本中，有许多课文都有一个开放式的结局，在这个结局中，语文教师可以展开课堂提问，让学生对接下来会出现的事情进行想象，让他们充分利用自己的智慧，对课文情节进行扩展，从而让他们产生探究的欲望。

2. 在关键知识处提问

教师进行语文教学的目标不在于让学生逐字逐句地记住课程内容，而是要指导他们记住应当掌握的部分、关键的部分，而这部分通常包含语文学习的关键知识，也就是语文学习的精华。只有把这些核心知识都掌握，学生才能由此及彼、由点带面，从而实现触类旁通的学习效果。所以，在教学过程中，教师要善于在关键处提出问题，让学生专注于知识点，打好语文基础。在课堂上，教师可以利用导学案引导学生进行预习，并让学生把自己在预习中遇到的问题进行标注，并将其记录在导学案的反馈栏中。教师们可以根据这些问题来制定相应的解决方案。在课堂上，教师可以针对学生在学习过程中遇到的一般问题进行发问，从而使他们把不懂的东西搞明白。教师还应擅于在教学过程中，找到被学生忽视的关键知识点，并提出可以引发他们丰富想象的问题，从而帮助他们排除学习过程中的盲点，为全面了解课文打下良好的基础。与此同时，教师可以从往年的语文考试题目中，找到易考点和易错点，并设计出一些带有概括性的问题，这样既可以让学生认识到语文考试的难度，又可以让他们更好地面对考试。

3. 在思维障碍处提问

在语文教学过程中，教师可以通过课堂提问来排除学生的思维障碍，通过问题来引导他们的思维，让他们能够对问题进行透彻的剖析和理解，对语文知识进行灵活的把握，为他们的思维开拓一片宽广的天地。教师应该与同学们进行更多的沟通，了解同学们在学习中出现的一些不正确的看法，然后根据这些看法，进行有针对性的提问，让同学们把自己的看法表达出来，然后给予他们一些启发和指导，从而提升他们的语文能力。此外，教师还可以针对学生不理解的知识点、不能正确运用的学习方法、容易混淆的知识等展开提问，并组织学生开展合作学习，让他们能够在自主思考和交流合作中得到正确的结论，从而找到最适合自己的学习方法，打造一个生动、和谐、高效的语文课堂。

（四）提问突出学生参与

1. 激励式提问

在激励式提问中，可以将学生的问题意识充分发挥出来，让他们敢于提出问题，让他们在一个充满活力的提问过程中得到灵感，从而创造出一个充满趣味的课堂。教师要注重鼓励与赏识，即使是一点点的进步，教师也要夸奖他们，让他们发自内心地感受到教师对他们的关心，从而增强他们学习语文的自信心。在遇到问题时，教师不能一味地责备，而要引导他们剖析问题产生的根源，及时加以纠正，从而实现以“问”带动“教”、以“问”促进“学”的目的。对于在语文学习过程中有很大提高的同学，语文教师要将其树立为学生榜样，同时在学校网络和学校公告牌上进行展示，进而营造一个良好的学风和班级氛围。教师应该认识到，提出问题常常大于解决问题，只有让学生学会提出问题，他们的语文知识才能得到巩固。

2. 逆向式提问

教师可以试着改变自己的视角，在自己的教学中充分运用逆向式提问，激发学生的好奇心，将其转化为学生发现问题、解决问题的活动过程，让课堂生成超过自己的预期。语文课程肩负着对学生人文素养进行培育、提高学生语用能力的重任，在教学过程中，教师要对学生进行引导，还可以让学生对教师所说的一些观点发表不同的意见。该过程可以将课堂提问的功能完全发挥出来，从而满足学生的学习需要，还可以让教师在师生双方共享知识、共享经验中提升自己的教学水平，从而实现教学相长。新课程改革提倡的是教学应面向全体学生，所以，在进行逆向式提问的设计时，教师要充分考虑学生的感受，采用直题曲问、曲题直问等方法，来提升学生的语文思维素质，促进他们的全面发展。在教学实践中，教师可以采用逆向式提问，对传统的语文习题进行改编，从而达到最大限度提升教学效果的目的。

（五）提问点评科学规范

1. 注重多种形式的评价，让学生体验成功

要想提出一个好的问题，就必须要进行好的评价，因此，教师要以学生能够接受的方法作为切入点，进行多样化的评价，从而对学生的人文精神进行培育，推动教与学之间的和谐互动。首先，在教学过程中，要充分调动学生的积极性和主动性。教师可以请学生谈谈他们对于课堂提问的想法，然后给教师一些意见，这样就能达到更深层次的追问，充分发挥“因材施教”的作用。其次，教师应该提倡学生间的互评。学生之间相互了解，得出的评价更加真实、直观，可以从学生的视角对问题进行反映，对课堂提问的途径和方法进行优化，充分体现课堂提问的思想价值。最后，让学生对教师进行评价。这样可以拉近师生之间的距离，让教师可以对自己的教学方式进行反思，对自己有更高的要求，做到以身作则，从而推动教学的规范化、科学化。

2. 重视过程评价，从批改走向对话

在新课程改革的大环境下，教师应当从结果评价向过程评价转变，对课堂提问进行综合的评价和分析，使学生认识到提问的重要意义。在评价的过程中，教师可以对学生采用渗透提问方法和学习思维，从而让学生培养出善于提问的学习习惯，搭建一座师生之间进行沟通的桥梁。在此过程中，教师要走近学生，与学生做朋友，由批改走向对话，为学生提供一个展现自己人格魅力的平台，让学生能够在平时的教学中得到更多的重视。如果学生在课堂提问中出现问题，那么教师要引导他们自己去找出错误，并对其进行纠正，之后再进行回答，以此来激发学生的学习动力。

研究表明，问题是人类认知新事物的驱动因素，而问题的求解更是人类认知新事物的基础。在语文教学的过程中，教师要充分利用学生的主体地位，设计出多种多样的课堂提问内容，要强化教师与学生的沟通和互动，充分激发学生的学习热情，并对他们的思维能力进行训练。同时，教师也要对课堂中的问题进行深入探讨，以此来让课堂的氛围变得更加生动活泼，从而激发学生的思考，让他们在实践中去感知和学习，进而提升他们的创新思维能力，让他们的创新思维能力能够在校园中得到充分发挥。

第二节　优化理答技术，培养学生发散性思维

在中国，素质教育已经进行了很多年，到现在为止，它已取得了一些成绩。而要推动素质教育，教师是一个非常重要的因素，他们的教学质量不仅会对素质教育的成功与否产生影响，而且与我们的教育体系改革能够获得什么样的实质性结果有很大关联。小学时期是一个人打好教育基础的关键时期，如何在有限的课堂时间和空间内，有效地提高课堂教学的时效性，充分利用好课堂45分钟，在不给学生带来任何负担的前提下，提高他们的学习效率，是目前全体小学语文教育工作者所要探讨的问题。所以，在新时期的新形势下，身为一名小学语文教师，一定要强化自身的学习能力，并利用课堂教学理答来建立一个高效的课堂，要担负起对学生进行语文知识启蒙的重任，进而进行有针对性的教学，从而让学生能够更好地发展和成才。

一、小学语文课堂教师理答的重要意义

（一）理论意义

新课程改革的一个主要思想就是要重视教师与学生的交往与对话，它

体现在教师与学生之间通过相互交流与对话，来更好地理解与把握课程内容，进而保障学生的主体地位。而课堂教学中的“对话”则是教师与学生之间交流的一个主要途径，它对促进教师与学生之间的和谐发展具有独特意义。

（二）实践意义

大部分教师都会在课堂上认真设计一些问题，并针对问题做出相应的预先设定。但是，在实践中，一些同学的答案经常会超出预先设定，这个时候，教师就要用睿智的理答来灵活地回应。但是，在实际教学过程中，很多教师，特别是新教师，因为教学经验不足，往往会出现不知所措或者干脆置若罔闻的现象，这就在无形中让学生产生“不被重视”的失落感。随着时间的推移，学生就会渐渐不愿积极参与到课堂中来，从而影响课堂上的教学效果。

二、小学语文课堂中理答的功能

（一）激发学生的语文学习兴趣

《语文课程标准》中指出语文教学应激发学生的学习兴趣，充分发挥师生双方在教学中的主动性和创造性。在语文教师的积极理答下，会使学生对语文有更多的自信，对语文课堂有更高的期望值，进而激发他们的语文学习动机和兴趣。如果教师对学生的理答不得当，就会对学生的自尊心造成极大的伤害，从而打消学生的学习积极性，会对教师产生抗拒，甚至让学生完全丧失对这门课程的兴趣。有调查显示，有效的理答与学生的主动性呈正相关，教师的理答越积极，学生就越愿意主动地参加到学习中来。所以，理答是激发和保持学生学习兴趣的关键外部因素。在语文教学中，巧妙的理答可以有效地调动学生学习语文的积极性，从而提高他们对语文的学习兴趣。

（二）提高语文课堂教学质量

课堂教学是教师传授知识、学生获取知识的主要途径，教师在课堂上的理答环节，关系到整个讲授过程的好坏。有些小学语文教师在课堂上，只会夸奖学生，简单地重复他们的答案，甚至还会采用预设理答的方式，这种理答方式使得语文课堂的教学气氛显得枯燥无味，使得师生间的交流成为一种机械化的模式，从而极大地降低语文课堂的教学质量。因为生理及年龄的原因，小学生在上课时很难保持长时间的专注，如果教师能够在上课时做出智慧的理答，就能够把学生的注意力从游离状态转移到课堂中来，进而提升小学语文课堂的教学质量。

（三）促进语文教师的专业发展

每一位教师在课堂上精彩的理答，都是师生之间情感的交流与思维的碰撞。许多新教师在关注和研究优秀教师的教学设计和教学方法之后，自己的教学能力却没有明显提高，其中一个重要因素就是他们忽略了优秀教师的课堂理答。“理答”是一个优秀教师在课堂上讲授的精华，也是一个推动教师职业发展不可缺少的武器。“理答”既是一种“教”，又是一种“评”。教师的评价素养是衡量教师学科素养的标尺，也是检验教师学科素养的核心因素。在小学语文课堂中，理答应当是一个非常重要的环节，教师可以对理答进行反思，从而发现自己在教学过程中存在的一些问题和具有的优点，从而推动自己的专业发展。

三、利用理答技术培养学生发散性思维的方法

（一）再组织理答中慎用代答，要充分运用引答

再组织理答是“教师在理答结束时，把学生的答案进行重组或归

纳”。在过去的小学语文课堂上，针对“再组织理答”，大部分教师采取的是“替答”的方式，忽视“引答”的重要性和功能，对“引答”的关注不够，“再组织理答”的真正价值未被充分发挥。有的教师缺乏对学生答案的即时评价；有的教师对错误回答没有及时地纠正；有的教师对不完整的答案没有予以必要的补充；有的教师对缺乏逻辑性、内容杂乱无章的答案没有进行综合处理与分析，导致学生出现问题得不到及时的纠正，有的学生还会对知识的理解产生混淆，从而影响学生已经打好的语文基础。所以，在语文教学中，要合理使用“引答”来代替“代答”，并对其进行一些调整。

1. 科学地归纳与总结

经过多年的实践教学和观察，我们可以看出，很多同学在上课的过程中都非常活跃，课堂的气氛往往非常热烈。但是，在这种看上去很活跃的学习氛围之下，大部分同学的回答都是含混不清的，而且他们的语言组织也非常杂乱。在这种情况下，要进行再组织理答，就需要小学语文教育工作者对学生所做的解答展开有效的整理、归纳和总结，让他们理清自己的思路，能够学会将自己的答案整理得更为完整，进而让他们的答题思路更加清晰。

2. 抛砖引玉，营造良好的理答课堂氛围

教师的抛砖引玉和推波助澜对于学生的学习来说，无疑是一种很好的助力，通过教师的层层推动，可以使同学们更多地关注课堂学习，进而主动地发挥自己的聪明才智，参加到课堂的对话中来。比如，在给学生讲解《晚上的太阳》一课时，教师在朗读文章之后，就可以抛出一个问题：“太阳为何会在夜晚出现？”当学生开始思索时，教师则不断地提出问题：“晚上的太阳到底是什么？”在学生阅读文章、自主探索时，一些学生说："真正的太阳距离我们很远，而'晚上的太阳'就在我们的身旁。"还有一些学生说："夜晚的太阳是一盏电灯，它给了我温暖。"学生你一言我一语，将课堂的理答氛围推到一个新的高度。然后，教师让学生通读整篇文章，从每个段落中归纳出"晚上的太阳"要传达的情感特征，学生在教师的指导下，慢慢地归纳出"晚上的太阳"要传达的是对妈妈的爱。教师可以提出问题："爱迪生是如何向妈妈表达爱的呢？他得到了什么启发？"这个时候，教师会让学生自由阅读，鼓励他们的读书态度，鼓励他们的读书水平，比如："你能不能把这段话用一个词念出来？"因为有一个清晰的目标，所以，他们可以很快念出"光明"这个词。接着，教师再一次鼓励学生："你能不能把文章的片段读成一句话？"在这个基础上，教师可以做一个总结："读成一个字、读成一句话，这就是那一段的主要内容，大家可以用这种方式来读后面的段落。"这样，在教师的有效指导下，学生不但可以高效地找到文章的关键词与主旨内容，还可以提高自己的总结和归纳能力。

3. 再组织理答要实现理性的提升

再组织理答不能只局限于学生对简单答案的重复，而是要对问题的分析和解答进行理性提升。一般而言，教师要对学生的简明答案进行理性提炼，将学生对问题的情感体验提升到更高的境界，通过教师对问题背后深层哲学的揭露，加深学生对问题的理解，进而让他们做出理性的回答，并将其内化为自己所拥有的重要知识。比如，在教学《巨人的花园》时，教师就会提出这样的问题："你觉得巨人是一个什么样子？"有些同学说："他脾气暴躁、缺乏爱心。"有些同学说："他很固执、很冷漠。"这时，教师就要抓住时机做出总结："就是由于巨人的粗暴、自私、冷漠与任性，一次又一次地把小朋友们、把美好的春天给赶跑了。"

从以上的实践中，我们可以看出，在课堂中，教师的课堂理答能力常常起到很大的促进作用。小学生正是身心发育的重要阶段，他们的回答水平和逻辑性都需要进一步提高，所以，在教学中，教师要尽可能多地采用“引答”的方法，不能完全代替学生去回答，而是要在正确的引导下，让学生自己发现、自己总结，最终得出一个完整的答案。

（二）教师要不吝啬于表扬，予以学生更多的肯定与激励

1. 理答行为要结合学生的个性化差异

激励性理答的先决条件是掌握学生的个性特征，在课堂上应根据学生的年龄、性别和兴趣爱好等因素采取相应的理答策略。不能笼统概括，更不能以偏概全。比如，在对男生的激励理答中，教师可以利用更多的欣赏、少量的批评来帮助学生建立自信心，而对女生的鼓励，要尽可能地减少甚至不使用批评，对于心思细密的女同学的回答，要尽可能地给予积极的评价。同样，对于内向、外向的学生，也要给予不同的指导和鼓励，从而使外向的学生可以更上一层楼，内向的学生可以打开心扉、实现自我肯定。

2. 激励性理答要秉持适度原则

在实施激励性评价时，要坚持“适度”的原则，适当地限定激励性评价的使用次数，既不要过度使用，也不要误用。对于学习主动、积极的学生，在激励过程中，就应该更加“吝啬”一些，只有当他们做出一些创新性回答，取得一些进步之后，他们才会被鼓励，如此，才能让他们感觉到自己的进步，感受到教师和其他同学的肯定，这样，他们就能更好地投入学习中去。对于平时在理答活动中较为被动的学生，教师就应该多使用激励性评价，这样才能让他们感觉到教师的关心，更多地进行自我肯定，进而让他们更加坚定学习的信心。

3. 激励性理答要实现进一步的创新

不同类型教师的课堂理答呈现出各自独特的语言表达方式，这种语言表达方式与其自身的个性特征直接相关。如果教师总是使用一种鼓励的方式，就会逐渐削弱鼓励的效果，比如，有些教师总是使用“说得好”“答得到位”“真棒”等语句，时间长了就会变得索然无味，所以教师可以使用肯定的表情、赞许的微笑、稍微有点浮夸的鼓掌，或者在回答一个比较简单的问题时说：“这个答案很有趣，说说看。”这样，学生就会觉得教师每次都会给他们一种不一样的认可，让他们感觉到自己的学习成绩一直在进步。

（三）发展性理答要尽量减少重复

1. 巧妙地运用探问法

在小学语文教学中，有一部分文章在小学生的理解上存在着一定的困难，有的教师对比较难的文章没有采用差异化的教学方式，反而在讲授的时候急于一时，不加思考就让学生去回答文章的主旨与基本内涵，这样学生常常会答不上来，课堂理答就会陷入尴尬的境地，最后由教师代替学生去回答问题，学生缺乏思考的机会，一堂课之后，也不能完全领会文章所要表达的深刻思想。这是因为，在问题的设计上，教师并没有将学生的认知特征和已有的知识积累相结合，问题与他们的实际情况相背离。所以，在小学语文课堂理答的时候，教师要灵活地使用探问法，一步一步地进行，由简到难，由浅入深，让学生有一个心理准备和缓冲的时间，这样才能更好地提升课堂效果。

2. “刨根问底”适当追问

在课堂上，教师的“追问”可以激发一种更好的理答气氛，可以让学生接受新的挑战，让他们的思维变得更加活跃。例如，在教学《美丽的丹顶鹤》时，教师可以设置这样一个问题："这些丹顶鹤有什么特征？"该问题的提出，让学生对丹顶鹤的外形展开仔细的观察和总结，从而可以了解到它的形体美、颜色美和姿态美。根据学生的答案，教师就可以胸有成竹地进行下一步提问："文章在描述丹顶鹤时，都使用了什么形容词？"此时，学生就会回到课文中，一句一句地寻找关于丹顶鹤的形容词，并做出相应的回答。这个时候，教师就要在这个前提下提出问题："同学们，假如要你画一只丹顶鹤，你会强调它的哪些特点，怎么画它呢？"通过这样一个问题，可以提高学生的实践能力，通过绘画，学生可以将这些特征和姿态在脑海中进行整合，从而更加深刻地体会到它们的美。当学生的思维被打开之后，教师的"追问"才会产生作用，从而让学生逐渐把握到文本的中心思想，从而深化对文本的认知与了解。

3. 运用探究模式，实现小组合作理答

新课程提倡我们要将合作探究式的教学方式应用到培养学生自主探究和学习的能力上，让他们的协作精神得到更多的提升，从而让他们在自主探究和合作学习中获得更多的实践体验。所以，在小学语文的教学过程中，教师也要将小组合作的探究方式应用到教学中，以此来提升学生的团队合作能力。教师一定要从把握文章的中心句开始，其实，在最新的教科书中，很多文章都会有那么几个"画龙点睛"的句子，它们可以指出文章的中心思想，交代文章创作的基本背景，也可以统领文章的主要内容。所以，紧扣此类语句提出问题，是进行理答教学的一个重要突破口。

教师可以把同学们分成不同的小组，小组里有资料员、分析员、发言人以及小组负责人。比如，《安塞腰鼓》一文中的一句"好一个安塞腰鼓！"一共出现了四次，教师问："这句话怎么会出现四次呢？"让学生在小组中进行讨论，从而了解作者使用这个句式用法所要传递的情感。经过对这种句式用法的分析，学生就会知道，这种句型的感慨句作者一共使用了四次，目的就是要强化并凸显情感。教师可继续发问："为何好？好在何处？"学生小组讨论结果分别是"好在有震耳欲聋的鼓声""好在有火烈的舞蹈场面""好在有茂腾腾的击鼓后生""好在有匆匆变幻的舞姿"等，否则就无法欣赏到安塞腰鼓特有的韵味了。这样的问题设计充满活力，更加强调学生的自主探究，让学生通过小组探究的方式，加深他们对文章的理解，让学生明白，任何问题都可以通过相互帮助、共同推理而找到解决方案，这样不仅可以提升学生的基础学习能力和合作意识，还可以让学生学会分享和互相帮助，充分发挥小学语文的德育作用。

总结来说，在传统教学到现代教学的变革过程中，强化对小学语文课堂教学理答行为的研究有很大的必要性。唯有经过一个科学、合理的理答过程，学生发现问题、分析问题以及解决问题的能力才可以得到更好的提高，这样才可以更好地反映出教师的教学水平，让学生的学习更具时效性。这既是对新课程标准的有效贯彻，也是推动我国人才强国重大战略计划的必然选择。所以，对于一名小学语文教师来说，我们一定要把学生放在第一位，加强教学研究，提高自己的教学能力，把学习的主体性还到学生身上，强调他们的自主实践，以此来把握他们在小学时期发展的可塑性，让他们形成一个好的学习和思维习惯，最后达到学生综合全面发展的目的。

第三节　多学科整合，培养学生独创性思维

《语文课程标准》指出："要注意语文学科与其他学科的关联，提高跨学科整合课程资源的意识和能力。"在语文学习过程中，适当地进行学科整合，可以突破语文学习的边界，并利用各学科的形式或特点来为语文学习服务。

一、与数学学科整合，培养学生独创性思维

数学是一门非常理性的学科。科学、准确、精密的数据可以把抽象的东西变得形象，把繁复的东西变得简单。

在教授《峨眉道上》时，教师让学生从文章中找到一些具有统计意义的语句："他们在十多里外开取石板""每个竹篓里放一块石板""峨眉山游览路线就有二百多里"。在此基础上，请学生用数学方法来解决一组问题：单是峨眉山这条旅游路线，就需要用到多少块石板？峨眉山旅游路线所用的青砖，都要从几十千米以外的地方运送过来，这得耗费多少人力？他们用数学方法得到了一组数据，大概需要一万五千块石板、五千个工作日才能完成这条路线。在交流中，学生深受感动，深切体会到这项工作的伟大和艰巨。教师和学生都为他们这种不辞劳苦的工作态度所感动、

为他们这种无私无畏的品格所叹服。原本模糊不清的形象，瞬间变得清晰，工人的高大形象也随之凸显。

二、与自然学科整合，培养学生独创性思维

很多课文中的东西，对于小学生而言，有些是陌生的，有些是抽象的，有些是比较困难的，如果只依靠教师的讲解，学生很难理解。对于所学知识，或可利用自然的形象化演示来进行语文学习。

在教授《捞铁牛》时，怀丙捞铁牛的场景是宋代的一幕，学生看不到也摸不着，对于怀丙是怎么借助水的浮力把铁牛捞上来的，这与现代化的打捞水平相去甚远，所以很难领会。在上课的时候，教师向学生演示了“沙减少—船上浮—绳越绷越紧—铁牛被拔起来”的过程，重现了怀丙捞铁牛的动态过程，这样可以加强学生的感性认知，让原本单调的讲解变得生动活泼。通过这种方式，使学生既有直观的感受，又有兴趣探索，并在教师适时适当的指导下，加强了他们的思维能力。然后，笔者还会鼓励学生在课后进行尝试，让他们通过自主体验和有趣的观察，将他们的学习需求转变为内心强大的学习动力。

三、与音乐学科整合，培养学生独创性思维

在语文学习过程中，将音乐融入语文教学，可以带给学生无限的想象空间。优美的音乐可以打开学生的心灵之门，使学生的思维进入广远的时空。

《月光曲》的第9自然段集中描述了贫困的姐弟两人在倾听贝多芬演奏的第二首曲子时所想到的情景。当学生阅读到这里的时候，心中充满疑惑，为什么他们会想到月亮、云彩、大海和波浪，而不是别的东西呢？

为了解决这个问题，我们要把这个问题与音乐知识相结合，引导学生从课文有关兄妹俩联想的文字描写中，想象出贝多芬演奏钢琴的节奏、力量和速度，以及它们之间的变化。通过对“微波粼粼”“穿过”“刮起大风”“卷起巨浪”“涌来”等词汇的品评和体会，让同学们意识到，一首歌在演奏过程中，旋律可以从平淡到激烈、从缓慢到急促、从微弱到强烈。在教学中，教师可根据《月光曲》中的相关音乐片段，结合文本内容，让同学们闭上眼睛用心去感悟。这种水平的关联不仅有助于学生对文本的深入了解，也有助于引导他们带着感情去阅读文本，而且有助于学生从音乐中的节奏和力量等因素中了解到贝多芬为何能够在特定情况下，即兴演奏出一首优美的乐曲。

四、与美术学科整合，培养学生独创性思维

美术因其构思奇特、色彩鲜艳、画面生动，受到广大同学的喜爱。将美术移植到语文教学中，语文教学就会有一种活泼的气氛，而学生也会体验并享受到美。

小学三年级语文教材中有一篇课文《赵州桥》，而四年级美术中有两篇课文《家乡的桥》《我为祖国造大桥》。从认识大桥构造、历史、实践、爱国情怀四个方面入手，结合“桥”这一主题，提出协作课程的教学目的：①认识赵州桥的发展历程及造型特征；②了解拱桥、索拉桥、引桥的力学原理；③利用黏土、油画棒等材料，通过对桥梁的想象，培养学生对祖国古老文化的骄傲和自信。小组协作教学中，同学们各抒己见，有人设计图样、有人画图、有人用黏土捏成模子……整个课堂充满活力。

五、与网络资源整合，培养学生独创性思维

通过运用形象生动、色彩鲜艳的图像和动态变化的文字，来展示一些知识和它们之间的关系。学生足不出户，就能感受到大千世界，了解历史上发生过的事情，这在很大程度上可以弥补传统教学方式的缺陷，不仅可以达到事半功倍的效果，还可以将语文课堂的教学进行得更好。

许多学生对鲸鱼这种生存在海里的大型哺乳动物不能将其归为鱼类感到奇怪，这给《鲸》这一课的教学带来一些难度。同时，也为教学提供了良好的契机，让学生对鲸鱼这个神奇的生物产生了浓厚的兴趣。让学生通过网络搜索有关信息，学生兴致盎然地在网上点击、变换、切入、定格、显示、下载，从而对鲸鱼的演化历程有更多的认识，对鲸鱼的种类、大小、形态有更多的了解，还对鲸鱼的生活习性有更多的认识，从而使课程内容得到进一步的充实和完善，使其具有更高的附加值。互联网将学生带进一个充满乐趣和魅力的天地，他们在其中获得启发，产生许多灵感，打开心扉。

六、与社会实践整合，培养学生独创性思维

如果要把语文知识扎根于实际生活之中，就应该拓宽语文学习和运用的领域，重视对跨学科的研究和对现代科学技术的应用，让学生在各种知识和方法的交叉、渗透和整合中，眼界更加开阔，从而提升他们的学习效果，让他们能够初步掌握现代化社会所需求的语文应用技能。

例如，部编版五年级上册第五单元有《松鼠》《鲸》，这两篇课文是关于动物知识和人与动物之间的关系的文章。在对这两篇课文进行授课时，可以通过“人与动物”这一主题来进行教学。在“人与动物”的总主

题之下，可以按照不同的等级划分出以下的小主题：①探索蚁类（或其他普通的小型生物）的生活习性（野外考察，相互沟通，相互了解）；②生物进化，人类起源（收集信息，报告成果）；③关于动物的常识（问答比赛）；④编一个童话故事，想象人类与动物的关系（书面）。

在这种社会实践中，同学们既能拓宽自己的眼界，又能对语文知识进行积累和运用，从而体会到“开卷有益”这四个字所蕴含的深层意义，进而把课堂教学和社会实践结合起来，让语文教学更加贴近生活。

七、与多学科整合，培养学生独创性思维

新一轮的课程改革，就是为了解决原有的学科门类多、条分缕析、界限分明、人为割裂知识之间的联系这些弊端，从而提出淡化学科界限、强调整合的概念。所谓“淡化学科界限”，是指在强化各专业之间纵横连接的同时，更加关注各专业之间的相互融合。“整合”并非一块一块地拼接起来，它是一种柔性的、可伸缩的、可调节的、可操作的、可扩展的、可调整的、可重组的组合。就像糖溶解在水里一样，融合后形成一个新的、没有痕迹的东西，其密度（类似于知识）要高于融合之前，但其体积（类似于花费的时间和努力）并没有增长。对于不同学科之间的语文融合，教师可以为学生制定一份“套餐”，让他们根据自己的兴趣、特长来选择。

在学过毛泽东的《卜算子·咏梅》以及陆游的《卜算子·咏梅》之后，教师可以布置下列任务，由同学们选择一个或多个问题来作答：①找到一株真正的梅花，并记录自己的见闻；②收集与梅花相关的图片，并对其进行评论；③依据文章中的文字和句子，为这两首词各画一幅“梅花图”，或者自己创作一幅梅花图；④唱一首关于咏梅的歌曲；⑤收集有关

"梅花"题材的诗歌和散文，进行配乐朗诵。

在小学语文中进行学科融合，并不意味着语文与其他学科各自的职责被废除或弱化，而是要找到两者的结合点、融通点，努力做到相互为用、相互促进、相互渗透、相辅相成，使语文的学科魅力和生命活力更加充分地展现出来。

第四节　巧用学习单，培养学生批判性思维

批判性思维是指在充足的理由和客观情况下，对事物做出理论评估与客观评价的一种能力和意志。这是不会被情感上的、没有事实基础的谣言动摇的。但是，在实践中，我们发现，在课堂上，我们的批判性阅读意识并不强烈，大部分人只是沿着文本的线索来读，真正带着批评的观点来读的人很少。这与新课标的要求相悖，对提高学生的思维能力和阅读质量也不利。那么，在小学语文课堂上，怎样引导学生进行批判性阅读，从而提高他们的阅读质量?

一、小学语文学习单设计要求

（一）任务与目标的对应性

“任务—目标匹配”是指在制定学习单时，必须先确定特定的学习目的。在小学语文教学中，学生要学什么、如何学、学到哪种水平，都是我们在设计学习单的时候要注意到的，也就是学习单的使用目的。首先，我们要清楚地认识到，在运用学习单的时候，要对语文的练习内容和方式进

行仔细分析。从学生的现实角度来看，在具有可行性的前提下，每一个目标都应该可以被课堂教学的观察或测试证实。其次，在设计学习单的时候，教师要将学习任务和目标结合起来，并且要融入教师对学习任务的解释，让学生明白这个学习单应该实现什么样的目的，让学生怀着清晰的目标去学习，这样才能建立一个完整的语文课堂。

（二）任务与设计的层次性

学习单的设计是指导学生进行学习的主要抓手，所以，要在对教学内容重难点的把握上进行多层面的分析，并设计出具有多层次学习任务的项目。在语文学习过程中，学生对所学知识的理解必须遵循由浅入深的规律。首先，学习单的设计应该具有一定的渐进性。这样不仅可以掌握学习者的认知规律，而且还可以让不同层次的学生都参与到学习单的使用中来。其次，作业清单的设计要符合班级的实际情况，这就要求作业清单上既要有容易完成的学习任务，也要有难度较高、层次较高的学习任务，需要学生自己去想办法解决，可以充分调动学生的积极性。

（三）任务与活动的关联性

新课标对我们提出一个新的要求，那就是我们要将语文课程中的死记硬背和机械训练的方式，积极地转变为注重对学生自主探究、积极合作、乐于分享的能力和态度的培养。所以，在设计学习单的时候，教师应该给学生创造一个讨论合作、分享探究的机会。教师们并不只是单纯地向学生灌输知识，还可以通过各种形式的活动来激发学生的学习兴趣、激发他们的好奇心，进而提升他们的语文核心素养以及对语文问题的认识、对语文学科本质的把握。

二、小学语文学习单的使用原则

（一）学习单的使用应当保持完整性

学习单是从目标到任务，再到活动，最终落点到作业的过程，其间，学生所体验的也是一个完整的、充分的学习过程。学习单同样指在课堂中，由教师和学生一起展开的一项协作研究，属于具有阶段性、梯度性的问题，它的主要内容与本课的学习目标相联系，是对课文进行深度的剖析，并展开新的问题。从学生的视角出发，应对知识技能的接受程度和对学习方法的适应性加以重视。

例如，在教学《猎人海力布》这节课时，为了提高学生对故事的复述能力并发展其创意思维，笔者引入这一单元的两个主要话题："创造性的复述"和"故事的缩写"，并将其应用到一个新的领域。下面是《猎人海力布》的学习单设计：①让学生把整个故事的发展梳理一遍，并在此基础上绘制这个故事的框架（按故事发生的原因、过程、进展、结果等顺序排列，并用简称）；②根据这段文章的框架，学生进行复述（通过集体的方式，复述故事，但叙述方式有所不同）；③以学生在课堂外收集到的小故事为素材，根据题目①所给出的框架，进行模仿创作，并与其他学生或全班学生一起交流。

在对学习单进行运用的过程中，教师可以将学习单运用的完整性原则充分体现出来：首先，在学习单中渗透学习目标，将学习的侧重点和难点都集中在对故事框架的理解与复述能力的培养上。其次，在课堂上融入各种形式的"互动"，让同学们以"互动"的形式来进行"小组讨论"，充分展示"复述"的艺术魅力。最后，落脚点放在作业上，让学生通过仿写故事来实现对故事的说与写。

（二）学习单的使用应当发挥引导力

“引导力”就是在学习单的运用中，发挥其最大的作用，让学习单的“听、说、读、写”四大功能得到最大限度的发挥，尤其是“说”和“写”的训练。本节把这两个方面作为重点，对学生的学习心理进行调查和分析。在现阶段的小学语文教学中，提高口语交际能力既是其主要目标，也是社会给予语文教学的一大使命。然而，在实际的课堂教学中，我们可以看到许多学生不愿意说、不爱说，或是说不清楚、说不流利，其原因就在于“语文实用性”这个被许多教师忽视的因素。所以，在当今“语文核心素养全面发展”的大环境下，提高学生说的兴趣和说的能力应该是学习单运用中的一项基础工作。在以上个案中，笔者采取了两种训练方法：①利用小组讨论的形式，让学生发挥他们的思维与创造力，激发他们复述的积极性；②通过分享，给他们一个展示自己和训练复述能力的机会。

相比于“说”，“写”可能是小学生更不愿意面对的能力训练。现在的小学生在学习语文时，大多是“浅尝辄止”，不会有太大的兴趣去钻研，而“写”又是将自己的想法付诸实践的重要环节，这就会让那些只会“看书”的孩子们有很大的压力，这也是他们写不出作文，甚至不愿意写作文的原因。所以，要想让学习单起到指导学生“写”的作用，就必须要兼顾学生的兴趣，以及学习单的难易程度。这个时候，“写”不仅是为了呼应教学的目标，也是为了成为一种新的“活动”，这样才能让学生在写作过程中，有更多的创造性，并为他们的其他技能打下坚实的基础。

（三）学习单的使用应当拥有空间感

所谓空间感，就是要让学生有足够的空间去进行思维和探究，学习不仅仅是为了解决这些问题，更多的是为了让学生能够在这些问题之后进行学习。在《猎人海力布》的学习单中，我们可以加入一些活动，用来启发学生的多样化思维，我们可以用“换位讲述”的方法，让学生站在一个新的角度说出自己的故事，如站在“小白蛇”的角度、站在“村民”的角度，来创作新的故事。这种方法的优点在于，可以把学生的感受放在中心位置，让他们自由选择。

另外，通过对学习单的分析，使学生体会到学习单带来的紧凑感，这也是他们空间感的一个重要体现。比如，在运用学习单时，首先要探究故事的基本框架，然后再进行复述，这是一种以小组为单位的研讨方式。在此阶段，学生对故事的讨论与之后的分享是密切相关的，通过倾听、分享，可以使他们更好地了解自己脑海中“想象复述”的优点和不足，并进行进一步的反思和完善。然后，他们开始创作自己的故事，有了这个想法，他们“写”起来也就容易多了。通过这个过程，同学们既能在短时间内完成作业，又能在不知不觉中达到最基础的学习目的。

三、小学语文学习单的实践价值

从上述的研究与分析中可以看出，学习单对我们进行小学语文教学具有很大的推动作用，依靠学习单进行的学习活动是适性的。首先，在学生已经掌握语文知识的情况下，根据其语言特点、文体特点等进行有目的的培训和指导；根据学生语文技能的差异，设计多种学习任务。其次，根据不同的个体优势和能力，不同的个体在完成不同的学习任务时，所采用的学习单是根据他们自身的语文学习规律而制定的。学生能够根据自己的实际能力，对学习节奏进行调整，进而对语文学习中的强弱项进行更深层次的梳理，进行自我调节。最后，学习单的运用是对学生语文素养、核心能力成长的一种引导。在学习单的完成中，将“听、说、读、写”四方面的内容融入学习单中，可以使学生得到更好的发展。

四、利用学习单培养学生批判性思维的方法

学生的思维方式相对简单，看待问题非黑即白，思考的视角也非常狭隘，这种现象是由于学生缺少思维的锻炼，有什么方法能够在阅读教学中进行批判性思维的培养？

（一）文本多样化，在策略学习中培养批判性思维

杜威主张思维并非自然而然地产生，而必须由“困难”和“困惑”引起。一篇文章很少能引起学生的问题感，因此，要想激发他们的思维，就要给他们提供多种文章来进行练习。

以《在柏林》为例，通过课堂教学，笔者就设计了一些活动，来激发学生的思维。首先对《窗口》（泰格特）、《雪夜》等短篇小说进行拓展，这些短篇小说都具有“意外结局”的共性。在教学过程中，笔者运用“预测”法，用一重又一重的猜测来提高学生对语文学习的兴趣。“请同学们猜测一下标题，如《在柏林》，你们认为标题会是怎样的一种形式？”然后，教师给学生出示课文的第1自然段内容，让他们猜两个角色的关系。接着出示课文第2自然段，“请同学们猜一猜这个退伍军人会说些什么？”在进行充分的猜想后，教师可以给学生展示文章中的意外结局，并要求他们将结局与自己的猜想进行对比，进行分析：“假如你的预测是对的，请思考一下为何。假如你的预测是错的，想想你遗漏了哪些信息？”层层的猜想，层层的设定，从猜想角色关系到剧情发展，再到最后结局，在这个过程中，学习猜测的方法，最后修正自己的猜测。期望在这种层次化的学习中，能使学生掌握预测的方法，感受预测的快乐，并能激发他们的思维积极性。

（二）情境复杂化，在任务中激发批判性思维

阅读并不仅仅是对文本的了解，对于我们这些读者来说，如果能够走进文本，将自己融入其中，将自己代入角色中，那么我们就会有更深的感悟。例如，在《故宫博物院》教学过程中，我们可以根据文本线索，设计“带着一家人去故宫一日游”和“绘制游览路线”这两个情境。我们也可以设计这样的情境：假设您是一家旅行社的负责人，您要针对不同的游客群体（老人、中年或青年）制定一条故宫游览路线，并且为他们做解说。采用这种方法，可以将课堂中的设计路线图问题转化成真实情境中的问题，从而对学生的思维进行培训。在不同的年龄阶段，旅游的侧重点不尽相同，因此，我们要充分利用学生的各种资源，将自己的经验和知识进行有效转换，利用真实情境的创造，在完成各种任务的过程中，掌握对知识的应用。与此同时，还可以引导学生从多个角度对问题进行思考。

（三）敢于质疑，在疑问中培养批判性思维

美国一名教师曾经说过：“真正的学习就是带着很多很多问题，到很多很多地方去寻找答案。”所以，在教学过程中，要营造一种有利于学习的氛围。

笔者在讲布封的《松鼠》时，扩展了三篇文章：《跑进家来的松鼠》、《话说松鼠》、《松鼠》（林清玄）。学生通过对这三篇文章进行深入的研读和反思，发现这三篇文章都表现了对松鼠的喜爱，但林清玄在《松鼠》中还描述了由于松鼠过于相信人类，最终遭到杀害的悲惨结局，由此提出问题、探究问题：人和动物之间是否要亲密一些？通过对课文的分析和思考，学生的思维更加灵活，同时，他们对课文的理解也更加深刻。

生活中许多问题都没有绝对的对错，阅读也是如此，每个人都有每个人的特别之处。批判性思维是对整体思维的一种培养，缺少这种思维方式的人，常常会缺少独立思考、辩证分析和探究实践的能力，很可能会受到他人话语的影响，从而变成一个跟风的人。社会的发展需要有一种敢于质疑、敢于挑战权威、辩证地看待问题、公平公正地判断问题的批判精神。语文核心素养的确立，突出对人思维能力的发展和提高，这要求我们每个教育工作者在学习过程中不断地进行教学方法的革新，以提高学生的思维能力。

第三章

小学语文课堂教学设计例谈

第一节　小学语文教学导入设计例谈

一、小学语文教学导入的分类

（一）直接导入

所谓直接导入，指的是教师要对教学的目的、要求，还有这节课的教学内容和安排，用简单的语言叙述、设问等方式来吸引学生的注意，让他们能够快速地融入学习情境中。通过这样的引导，可以让学生很快找到自己要学的东西，并对所学内容有一个大概的了解。在连续性教学中，采用直接导入法更适宜于后面的教学引入。

（二）经验导入

经验导入指的是用学生已有的生活经验和已知的材料作为起点，教师用一种生动而具有感染力的讲解和问题来引入新的课程，一般情况下，当新课程与学生的相关经验之间存在着一定的关联和差异时，教师会使用这种方法。这样的教学方式让人感到亲切，可以激发学生的好奇心，启发学生的思维。

（三）旧知识导入

旧知识导入是以知识之间的逻辑联系为依据，找到新旧知识的连接点，在旧知识的基础上进行深入，进而提出新的教学内容，实现温故知新的目标。从学生已经学过的知识开始，并与所授课文的内容和特征相联系，引入新课，能够让学生的思维有个顺畅的转换，进而学好知识。

一个人的知识的获得是一个循序渐进的过程，不可能一蹴而就。

（四）直观导入

在引入新课的时候，教师可以使用幻灯片、录音等现代化的教学手段，借助歌曲、图片等直观、形象的教学辅助用具来进行。在教学中使用直观导入，能激发学生的学习热情。

在教学中，教师要努力营造一个好的教学环境，打破思维混乱的局面。

（五）故事、事例导入

故事、事例导入指的是利用人们在日常生活中所熟知的事例、在报纸上看到的相关新闻或者历史上对自然与社会认知中的故事，来设定问题情境的导入方法。故事和事例的选择要富有趣味性、具有启发性和富有教育意义。为了能够激发学生的创作兴趣，同时也能够起到一个示范的作用，笔者在上课之前，以班级中存在的一种不良习惯（不爱护书籍）为基础编写一个童话故事。课堂一开始就用导入的方式讲给学生听，学生都很感兴趣。这对学生以后的写作有很大启发。

（六）设疑、悬念导入

设疑、悬念导入指的是一种可以从侧面持续设置具有启发意义的悬念难题，从而创造出与学生之间的认知碰撞，激发出他们的好奇心和求知欲，激发出他们解答问题的欲望的一种导入方式。

“疑问”和“矛盾”心理对激发学生积极、活跃的思维能力具有重要作用。这样一种导入方式可以将学生的思维活动和教师的讲课有机地结合起来，从而实现将课堂教学中的“要我学”转化为“我要学”的目的。

（七）情境导入

情境导入指的是利用语言、设备、环境、活动、音乐、绘画等多种方式，营造出一个与教学要求相适应的情境，从而引起学生的兴趣，引发他们的思考，让他们进入一种主动的学习状态。

在引入新课的时候，教师要用深情的语言，将自己的情感融入文本中，从而触动学生的心灵，激起学生的情感，让学生的心和教师的心与文章相互呼应，从而营造一种情意相通的课堂氛围。

导入就好比是一部长篇小说的开头，一出戏剧的背景，一个剧本的楔子，如果这个开头、背景和楔子可以让学生产生浓厚的兴趣，从而提高他们的学习热情，那么，这个导入就为这节课的顺利进行奠定了坚实的基础。

二、小学语文教学导入设计的方法

导语是课堂教学的开场白，是一种引导性的语言。尽管这一环节并不是教师授课的主体，却与教师授课的内容有着密切的联系，是教师授课过程中不可缺少的环节。教师设计一段有趣的、引人入胜的、独具匠心的导语，可以快速、高效地将学生的学习兴趣调动起来，从而对整个教学过程产生深远的影响。所以，怎样对语文课堂中的导语进行合理的设计，就成为语文教师必须面对的问题。怎样才能设计出一个新颖、有效、有独特魅力的导语？笔者根据二十多年来从事语文教育工作的实践经验，对语文课堂导语的设置提出自己的见解。

（一）承上启下，温故知新

知识的生成是连续不断地发展和扩大的，所以，学生的学习活动必须是连续的、前后相关的，这就要求教师的教学活动必须是一个与学生知识生成和学习一致的连续的活动。在新课开始之前，导语是必不可少的一个步骤，它承担着承上启下、衔接前后及内容转换的重要功能，是一种将课程与课程联系起来的中间环节。好的课堂导语应当可以将学生与旧知识相结合，唤醒他们过去的情感，把新课程融入一系列的教学内容和系统的教学活动当中，并自然而然地引出新的课程，为学生的学习添加新的刺激点和兴奋点，让他们在现有的知识体系下，被新的问题吸引、被新的情境影响，进而让他们更容易参与到新知识的构建活动中。特别是在新课与旧课、单元与单元、前一个学习期与后一个学习期之间，它的衔接功能更加突出。比如，《青海高原一株柳》是六年级上册第五单元的第一篇课文，而在这一课的前面是《安塞腰鼓》——一篇礼赞黄土地上展现出来的生命之魂、民族之魂的赞歌。对于六年级的学生来说，尽管他们的想象力和感知能力得到很大的提高，但是，受时间和空间的局限，他们对于青海高原的特殊气候和地理环境还缺少深刻的认识，因此，如何从文字中理解环境的严酷，如何从文字中感受柳树生命力的顽强，就成为课堂教学的一个难题，所以，笔者在课前导语时告诉学生："在《安塞腰鼓》中，我们似乎追随着雄浑的文字，来到一处神秘的地方，在那里，我们可以感受到一股澎湃的生机。在这节课中，我将带领大家走进另一处神秘的地方，看看那里还有哪些令人惊奇的风景。有没有什么特别的感受？"这种导语的设置，很自然地就把前后两篇文章结合在一起，可以帮助学生了解青海高原上这棵柳树是如何在严酷的环境条件下成长的，以及感受它那雄浑有力的生命力。

（二）激发兴趣，因"材"择法

于漪是一位著名的优秀教师，她说："上课的头一棒要敲击在同学们的心里，激起他们思维的火花，或者像磁石一样，紧紧地吸着同学们。"

美国一名教育家曾说过：“那些不设法勾起学生求知欲望的教学，正如同锤打着一块冰冷的生铁。”由此可以看出，一篇好的课堂导语，一定能够将学生的学习兴趣完全调动起来，消除他们对新教材和新内容产生的陌生感和疏离感，让他们能够快速地融入自己的学习中，从而实现“课伊始，趣即生”的目标。因此，要想运用语文教学中的导语更好地引起学生对语文的兴趣，就要依据文本内容选取适当的方法。课堂导入的方法很多，包括设置悬念、创设情境、讲述故事、播放音乐、展示多媒体等，但并非任何一种导入方式都适用于任何一节课，要根据不同的课型、不同的学习目标、不同的文章体裁进行设计，并根据学生的年龄特点、心理状态、知识水平、能力基础及兴趣爱好的不同，利用他们现有的知识储备和生活经验，使他们对新知识、新内容的探索欲望得到最大限度的激发，使课堂教学营造轻松、愉悦、民主的氛围。例如，美丽的山水文章，可以通过多媒体展示相关图片导入；对特定景点的描述，可以导入相关的诗歌和民间传说；对于一些名人的文章，可以导入名人小故事；故事情节较好的作品，可以设置悬念导入；具有较高理性的文章，可以采用“讲故事”的方式导入；对于历史事件，最好是导入一些与其有关的知识，这样才能让同学们更好地理解课文内容。总而言之，不管采取什么样的导入方法，都要尽可能地增进课本与学生之间的关系，化疏远为亲近，化陌生为熟悉，从而提高学生学习新知识的自信心，引导学生的认知活动和思维，让学生更加专注，在学习、探索、思考的过程中，可以得到心灵上的充实。

（三）语言简洁，指向明确

莎士比亚曾说过：“简洁是智慧的灵魂，冗长是肤浅的藻饰。”一节课，学生的注意力只有20—25分钟，假如引入的内容太过冗长，占用太多的教学时间，那么就会造成“嘈杂声”，从而导致学生注意力分散，影响上课的效果。所以，在教学中，教师要用简洁、恰当的语言来引导，为学生留出宝贵的学习时间。那多长时间的导入才是恰当的？笔者觉得5分钟比较合适。导入时间过短，不适合进行具体的操作，也不能有效地激发学生的学习热情，这样就会让教学变得很被动；如果5分钟以上，那么，学生的兴趣已经被激发出来，他们会迫不及待地想要开始新一节课的学习，但是，如果教师不给他们时间，他们的学习兴趣就会被压制，一旦他们的兴奋点过去，就很难进入学习状态。为了确保课堂导入的简练有效，在选择导入语言的时候，特别要注意指向明确，不说废话、可有可无的话和含混不清的话，从教学内容和课堂目标着手，使导语不游离于教学内容。例如，在教学《爱之链》时，笔者就这么导入："各位同学，我们身边有很多人，他们虽然生活艰辛，默默无闻，却有一颗金子般的心，他们平凡却传递着暖暖的爱意，渺小却流露着质朴的真情，他们用那些貌似不起眼的举动，奏出一曲曲感人至深的乐章。今天，就让我们走进文本《爱之链》，去体味这一动人的'真实'。"寥寥数语，却将整篇文章的主题点了出来，点燃了学生内心深处对人间真情的天然渴望，并为他们留下想象的空间，激发了他们探寻真情的渴望。

简而言之，课堂导入是一门艺术。语文教师要根据课本内容以及学生的具体情况，找到最优的解决办法，设计出优美而又富有感染力的导语，努力用最快的速度敲打出学生心中的那扇门，激发他们的学习积极性，让他们悄然动容、跃跃欲试，快速进入最佳的学习状态，从而真正进入"未成曲调先有情"的状态，进而为课堂主体环节打下坚实的基础。

第二节　小学语文教学目标设计例谈

小学语文教学是一项有目的性的活动，因此，在进行教学前，教师必须要对特定的教学目标进行设置。但是，我国现行的基础教育课程中，对教学目标的设置却有诸多不足之处。首先，在语文教学中，教师对语文教学的目的和效果评价等方面过于笼统、对语文教学的要求较高、缺少对语文教学的引导。其次，在课程内容上没有形成体系，主要根据教师的个人经验来制定课程内容。因为在制定教学目标时，缺乏一个客观的标准，所以很可能会出现“见仁见智”的情况，这必然会导致语文教学的起点能力和终点能力界限不清，从而产生效率低下、效果不明显的现象。要使小学语文教学的过程科学化、教学成果评价客观化，就需要对教学目标进行科学的设置。

一、小学语文教学目标的特点

小学语文的本质是交际，是人们认识世界、改造世界、进行交流和发展思维的基本工具。本课程的目标是为了使学员了解语文，并借由语文课程进行听说读写的练习。语文教学既有思维上的影响，又有表达上的影响，这既是对文本的认识，也是对表达形式的认识。语文教学的着眼点在表达形式方面，也就是语文交际的方式与工具。从课程内容的特征来看，小学语文教学的目的主要表现在以下三个方面。

（一）语言性

语文教学以祖国的语言和文字为主。小学语文教学的最主要目标是掌握语言知识，发展语言能力。学生在上小学前已经学会了基本的语言，特别是已经具备一定的口语能力，能够进行一些生活中的表达与沟通。但是，它并没有形成标准，而是一种“自足的言语”。小学语文教学的目的，就是要以学生原有的语言技能为前提，对其进行系统化的教学与培训，培养其对听、说、读、写各种技能的综合应用与理解力，从而达到由“自足”向“自觉”发展的目的。

（二）交际性

“交际”一词的含义是对一种语言的认识与使用。语文能力的培养主要体现在社会交际能力的训练。根据信息论的理论，语文能力指的是通过语言文字来吸收、加工、储存和输出信息的能力。在社会生活中，除口语的信息交流之外，还需要通过大量的书面语言来进行沟通，从而突破时间和空间的局限，提高交际效果。小学语文的教学目标应该与学生的生活以及社会交际相结合，强调实用性，着重于语言的形式，凸显出语文学科交际工具的性质。

（三）综合性

语文素养是语言、知识、智力和道德品质等多种要素共同作用的结果。相对于其他学科而言，语文教学目标的涵盖面更广。首先，语文课程的“全面性”体现为语文内部的“听、说、读、写”各个能力之间的相互联系、相互促进、共同发展。其次，它还体现为语言与其他要素之间相互影响、相互约束、平衡发展。在制定小学语文课程的过程中，要正确把握语文内容与外在环境的相互联系，构建纵向有序、横向紧密相连的目标体系，并与培养“一般能力”相联系。基于上述特征，我国小学语文教学的目标应包括以下几个方面：①语文知识和技能（基本知识和基本技能）的学习目标；②语文能力目标（听、说、读、写）；③智力开发目标（集中注意力、记忆力、思维能力、想象力、创造力等）；④情感和道德品质目标（道德、思想、政治等）；⑤心理方面的非智力目标（习惯、审美能力、人格等）。

总的来说，以往制定的小学语文课程目标范围过于狭隘，大多局限于获取知识，而对其他方面的考量较少。这种教学目标与小学语文课程的特点不符，与新时代对小学语文教育的需求背道而驰。但也并非说，小学语文的教学目标是多才多艺，而是要因材施教，讲究“个性”，讲究“全面”。

二、小学语文教学目标的设计原则

小学语文教学目标设计的整体要求是不仅要与小学语文教学的性质、目的、任务相一致，还要对小学语文的知识体系和目标体系进行系统的体现，而且要尽量将其具体化，以确保其具备可行性和可测性。在进行小学语文教学目标的设计时，必须遵循四个基本原则。

（一）教育性原则

作为基础教育的一个关键环节，其教学目标应反映出基础教育的整体目标，促进德、智、体、美、劳全面发展。“文以载道”，在小学阶段，应注重对德、智、体、美、劳进行全方位的培养，把语文作为培养人全面发展的一个主要工具。当然，这并不是说，单纯地将教学内容移植到小学语文课程的目标之中，而是要结合其自身特征，将其最大限度地发挥出来。比如，在讲授语文的时候，我们不能就事论事，而是要就事论理。《我是什么》这一课的教学目标，既要让同学们了解水的“三态”，又要让同学们有一个基本的概念，即“在某种情况下，物质会随着某种条件而变化”，从而为学生正确认识世界打下科学的思想基础。

（二）可行性原则

在制定小学语言文字课程内容的过程中，应从教学实践出发，确保课程内容的可行性。一个好的目标体系，应当能够充分反映语文教科书的现实情况，尽力反映出语文教学纲要的要求，同时还要考虑到学生原来的语文基础和发展水平。如果目标定得过高，学生不易接受，就会造成消化不良。如果定得过低，则无法调动学生的积极性。

（三）系统性原则

在制定小学语文课程目标时，既要考虑课程内容的类别，又要考虑语文知识的体系。课程内容在教科书中的表述具有阶段性、累积性。在不同的教学时期，教学目标的侧重点不尽相同：课始，侧重于感知；课中，侧重于理解；课末，侧重于巩固。对于相同的教材，在不同的年级中，其阅读的目标与要求也不尽相同：课始的朗读，需要准确的发音；课中的朗读，目的是要做到“读懂”；课末的朗读，有助于提高学生的语感。编制小学语文教学目标，应从整体目标体系入手，反映出阶段与整体的统一。

一篇文本的教学目标是一个完整的体系，它可以被划分为几个彼此间有关联的子目标，可以向更高级别的目标结合，也可以向更低级别的目标推演，形成上下贯通、前后衔接的目标网。

（四）可测性原则

在编制小学语文教学目标时，要将其具体化，对其所包含的知识以及学生的技能等级都要进行清晰而具体的描述，以防止出现模棱两可的情况，并可以利用一定的测量方法对其达成度进行检测。

但是，因为受到现有的测量方法的限制，在小学语文学习过程中，仍存在一些没有测量价值的课程。比如，很多文本都蕴含着创造性的元素，这些元素可以被用于对学生进行创造性的培训：寓言和神话故事中蕴含着深刻的哲学思想，并且它们的思想较为特殊，这对于培养学生思维的新颖性、独特性是非常有益的。适合于发展创意想象力的文学作品：《草船借箭》突出诸葛亮的创造性思维；《小交通员》展现欧阳立安思维的变通性；《跳水》赞美老队长的独特性思维；《司马光》是一篇具有代表性的反向思维文本；《壶盖为什么会动》是一篇完整地讲述创造发明的全过程的文本。本文认为，在小学语文课堂中，教师要对学生进行创造性思维的培养。

三、编制小学语文教学目标的程序

小学语文课程目标的制定是一项十分繁复的工作，大致可分为以下三步。

（一）理解语文的知识体系

对课本中所含的知识系统进行剖析和认识，使语文知识具体化和序列化，是确定语文学习目标的首要步骤。其具体步骤是：①确立小学语文教学的知识结构；②对知识单元进行分割；③对知识点进行梳理；④对知识元素进行界定。

（二）明确知识点的学习水平

在确立小学语文的知识框架之后，要确定每个知识点的学习出发点和层次。大致可分为两个步骤，一是确立小学阶段所使用的课程目标类别系统。至今，大部分的小学语文教学目标分级都借鉴布鲁姆的“认识目标分级”原理，或者做些改动，将原有的六个层次划分为五个或者四个层次，例如，将六个层次划分为四个层次：“识记”“理解”“简单应用”和“综合应用”。在此，“简单应用”与最初的“应用”是一致的；“综合应用”由三个层面组成：分析层面、综合层面和评价层面。二是弄清楚各个知识要点的掌握程度。这就需要根据小学语文课程纲要对知识深度、广度的要求和小学语文课本对知识的处理，来确定各个知识点的学习层次。以下举一个具体的例子，来解释如何掌握所要学习的知识点（括弧中是教学目的）：①把常见的句式背下来（识记）；②把重点段落背下来（识记）；③了解句型变换的方式（理解）；④根据语境，了解词语和句子的含义（理解）；⑤对词语的词性进行判断（应用）；⑥指出逻辑顺序的错误（应用）；⑦对文章构成元素进行分析（分析）；⑧对文章各段落的联系进行分析（应用）；⑨对文本进行创造性的复述（综合）；⑩总结全文各段落、中心思想（综合）；⑪对文章的构思、内容及文体特征进行评价（评价）。

（三）确定教学目标的表述

“目标表述”是将课程目标的类别与课程的基本概念结合在一起而形成的一种表述形式。常用的表述方式有两种。

一是双向细目式。其中一维按照知识的顺序进行排列，另外一维则是在目标分类学中的学习层次，每个知识点对应着一个学习层次，构成一个教学目标表。

二是条目式。将各个知识要点与课程内容有机地联系在一起，形成一个由行为动词组成的句子，以表达本课的教学目标。

这两种方法都有各自的优势和不足。在此基础上，可以帮助教师直观地把握所要教授的知识内容以及各知识点之间在学习水平上的差异，从而可以凸显出教学重点，帮助教师解决问题。对教师来说，后者很好理解，但若内容太多，则显得杂乱无章，不够完整。

四、小学语文教学目标在课堂教学中的具体落实与表述

（一）教学目标与课程目标对应

我们认为，在课程目标中，知识与技能、过程与方法、情感态度与价值观三个方面的内容是最基础的，而这三方面的内容在实际应用中，具体要求是不一样的，并且，在各个学科中，其教学目标也是不一样的。例如，语文教学目标或数学教学目标，指的是由课程目标所包含的知识与技能、过程与方法、情感态度与价值观三个维度整合而成的“语文学科素养”或“数学学科素养”。当将这些内容贯彻到具体的语文教学或数学教学中时，与其相对应的语文或数学教学目标主要包括由学会、会学、乐学整合而成的学生的“语文学习素养”或“数学学习素养”。在语文教学中，对语文学习的目标进行明确的设置，其主要内容如下。

1. 学会：习惯、积累、理解

养成阅读的好习惯，例如诵读、查工具书、圈点勾画、看注释、做笔记、看“说明”和“目录”、阅读姿势等。积累，比如词汇的积累、语文知识的积累、篇章的积累等。理解指的是知识，它的目的是要理解表达方式、文学风格、语法知识等，经过培训可以深化对知识的理解，达到熟练的程度。

2. 会学：体验、感悟和揣摩

体验是指学生对原文的感受。感悟是一种以读书体验为基础的精神活动。揣摩指的是对事物进行一次又一次的思考和推求，揣摩的具体内容包括字词的精妙之处、句子的隐含意义之处、深刻含蓄的题旨之处、独具匠心的表现手法之处等，它是一个从体验到感悟的必经之路。

3. 乐学：评价、鉴赏和探究

评价需要让学生根据所读内容来做出优劣、是非的判断，它是阅读能力和判断能力的结合。所谓鉴赏，就是指对书面文字所提供的信息，可以引发联想，留下无限的思维时空。探究，就是要让学生对教材进行充分运用，可以去发现问题、提出问题、主动探索、寻找答案，从而爱学习、喜欢语文。

（二）明确目标的基本要素

总体上讲，教学目标由四个基本要素构成：行为主体、行为动词、行为条件、表现程度。以“学生”作为行为主体，以“复述”作为行为动词，以“不看教材”作为行为条件，以“准确无误”作为表现程度。又比如，“学生”作为行为主体，“默读”作为行为动词，“现代文”作为行为条件，“至少400个单词”作为表现程度。当然，有些情况下，出于简练的目的，可以将一个行为主体或行为条件省略掉，以免造成误会和出现模糊性。例如，“在有感情的朗读中体会自然之美”，就忽略了行为主体；“了解侧面描写的作用”，就忽略了行为主体和行为条件。对这些基本元素进行界定，可以让教师更加清楚地了解自己所要达到的教学目标，进而可以更加科学、合理地进行教学流程的设计，降低在教学中出现的盲目性和随意性。

（三）行为主体必须是学生

“以人为本”是新课程改革的一个重要理念。在确定课程目标时，不应以教师“教”为中心，而应以学生“学”为中心。因此，一项教学活动成功与否，不仅取决于教师如何教授，而且取决于学生如何学习。所以，在制定课程目标的时候，一定要以学生为中心，以学生为行为主体。虽然，有些时候，作为行为主体的学生在表述中没有出现，但是，它一定是暗含的。对此，许多教师都有误解。例如，许多教师使用“使学生……”“引导学生……”“培养学生的……”“提高学生的……”等表述方式，与目标表达的规律不符，反映出“以教师为中心”的错误理念。

（四）选择恰当的表述方式

在实践中，教师对教学目标的基本表述方式大致可分为两种：一种是以结果为基础的表述方式；另一种是以体验或表现为目的的表述方式。一些目标是非常详细和清晰的，并且可以对学生的表现程度进行准确的评价和测量，就应该采用结果性目标的表述方式。另一些目标较为模糊，难以对其表现程度做出准确的评价和衡量，因此应该采用体验型或表现型的表述方式。

（五）正确处理三维目标之间的关系

三维目标是一个有机的整体，对它们的认识必须从系统和整体的观点出发，不能孤立地看待它们。三个维度的目标并非相互平行，而是一体“三维”的，每个维度都与另外两个维度相关联。比如，新的语文教学大纲中就有十项基本的要求。方智范认为：“第一条的表述强调‘在语文学习过程中’，就涉及过程与方法；第二条则涉及对不同民族文化的看法，以及对所学课程内容与技能的需求；第三条强调学生的学习方式与方法，但‘热爱祖国语言文字的情感’和‘语文学习的自信心’等属于情感与态度方面的内容；第四条是指有能力、有态度、有手段，诸如此类。”本文提出，在基本课程中，“知识与技能”既是课程目标的中心，也是实现其他两个维度目标的主要手段。“过程与方法”具有更多的隐含特征，并非孤立地表现出来，而是通过其他两个维度的实现来表现的。“情感态度与价值观”是隐性的，而它的表现方式则是一种外显的，因此，形成一种正确的、积极的情感态度与价值观，可以使学生更好地实现其他两个维度的目标。因此，这三个方面是一个相互关联、相互渗透、相互作用的有机整体。这就要求我们在制定教学目标时，要注意把握好这三方面的相互联系，要以本学科的“知识与技能”为中心，凸显本学科所具有的独特课程价值。

（六）删繁就简，重点突出

从理论上来说，三个维度的目标应该在每一堂课中都得到反映，而要将三个维度的目标在一堂课中实现，几乎是苛刻的。对于语文教学来说，语文知识和技能是最基本的，也是最关键的，也可以说是语文课程得以开展的前提条件，既是语文教学的起点，又是语文教学的终点。所以，在教学内容的设置上，应该以语文的知识与技能为主，避免烦琐的教学内容。太多的目标既会给教学带来负担，又会相应地弱化核心目标。笔者以为，一堂课应以“知识与技能”为中心，设置2—3个目标即可。课程目标是立体的，但在表述时不需要将其划分成三大方面（立体），每个方面又分为几条。如此看来，看似条理分明，但实际上却是教条呆板的。将“过程与方法”“情感态度与价值观”等教学目标与“知识与技能”教学目标相结合，是教师职业发展的必然选择。

第三节　小学语文教学重难点设计例谈

一、教学重难点概述

教师授课，讲究的是质量。授课涉及方方面面，如果不能抓住要点，不能对其进行有效的突破，就不能确保学生对所授课程内容的理解，更不能达到其目的。关于“重难点”这一问题，在《教育学》一书中都有相应的论述，并在此基础上提出“抓住重点，突破难点”的观点。然而，关于什么是教学重难点，有什么表现形式，需要采用什么讲授方法等问题，却大多是含混不清的。在小学课堂上，教师和学生都需要对其进行深入的研究和探讨。

（一）教学重点

关于“讲授要点”，学界有一种说法认为“讲授要点”是“讲授课本中最重要、最基础的内容”，其实是一种同义语反复。实际上，教学重点是一种对知识属性的评估，它是以某一标准为依据的，即知识在整个知识体系中的地位和作用。在中小学，大部分的课程都是一个有着严格逻辑性和系统化的知识体系。在一个知识系统中，各种知识的地位和作用各不相同。某些知识在知识系统中起着举足轻重的作用，人们对这些知识的理解和掌握，将影响并决定后面知识的理解和掌握，这才是最重要的。所以，教学重点是在所教学科知识体系中具有重要地位、对后续知识的学习和理解有重大影响的知识点。因此，教师的教学重点是一个绝对概念，无论教师的教学方法和教学目标如何改变，它都不会改变。知识系统具有一定的确定性，因此，各种知识在系统中的地位和作用也有一定的确定性。

（二）教学难点

在这一问题上，理论界已基本取得共识。所谓“教学难点”，就是“教科书中难以理解、难以掌握的部分”。关于课程难度的本质，却鲜有研究。因为“教学难点”与“学生的理解力”是相对应的，所以“教学难点”只是一个相对的概念，每个人的“难易”程度各不相同。有些同学觉得很难的东西，不一定就是别人觉得很难的东西。课堂教学模式下，多数教师设定难度的依据都是以中等水平的学生为基础。由于在课堂授课的情况下，课堂上讲课的内容，只有在课堂上才能被人接收。揭示教学难点的这种特性，对教师来说，起码有以下几方面的启发：第一，明确这个问题并非一项简单而又容易的工作，需要教师能够正确掌握学生的心理状态；第二，对教学难点的处理，既要兼顾普通学生对教学难点的理解，又要兼顾较差学生对教学难点的理解。

（三）教学重点和难点的关系

教学重点和难点并不完全等同，教学重点并不一定就是教学难点。究其原因，主要是二者建立的基础不尽相同：前者的建立以其在整个知识系统中的地位和作用为基础，而后者则是以理解为基础的。但是，这两个方面也存在一定的重叠性，一些知识在整个知识体系中占有非常重要的位置，对其的理解将会极大地影响后面知识的学习，也是大部分学生难以理解的地方。这样的知识就成为课堂上的重点和难点。

二、教学重点、难点的差异性与统一性

（一）教学重点与教学难点的差异性

就教学重点而言，其在很大程度上取决于整个教材内容的结构系统，即教科书需要达成的目标与任务，是确立该重点的重要基础；这是教师设计教学计划与课时计划的重要依据和指导方向，也是实现学生学习目标所必需的。因为教材中的知识与技能的结构体系是一个客观事实，所以不管是学科还是教材的教学重点，都是一个相对客观性和稳定性的问题。只有抓住教学重点的这个特性，教师才能够克服和避免在确定教学重点时产生的盲目性和随意性，从而帮助教师在具体的教学中实现重点的凸显，进而让学生能够更好地达到他们的学习目的。

关于教学难点，尽管在某种意义上，也会被作为客观存在的教材内容影响，但是，它的最大影响因素，还是来自身为知识主体的学生，以及指导主体认知客体而在教学中发挥着主导作用的教师，也就是说，这主要取决于教师和学生各自的素质与实际操作能力，这也就充分反映出教学难点的相对主观性和不稳定性。影响课程教学的因素，除了涉及教材内容本身的难易程度，还涉及教师的专业知识水平，以及作为教学服务目标的学生的身体与心理素质。例如，同样的教科书，如果教师讲解、示范和组织都比较容易，那就不会变成难点，反之则成为难点。同理，在相同的一门课程中，如果大多数学生都能够轻易地接受或者完成，那么这门课程就不会变成难点，反之则成为难点。唯有认识到教学难点这一特点，才能帮助教师克服在确定教学难点时存在的盲目性和随意性，才能在具体的教学过程中，灵活地使用各种方式来解决问题，从而让整个教学过程变得更为顺畅，进而激发并提升学生的学习兴趣，提升教学质量。

（二）教学重点与教学难点的统一性

由以上的论述可知，在确定教学重点与难点的要素上，二者具有根本的不同，但在实现教学任务与目标上，二者又具有互相促进、互相统一的一面。从某种程度上来说，教学重点和教学难点是有着特定含义的两个不同概念。在实际的教学过程中，有时候，教学重点并不必然是教学难点，而教学难点并不必然是教学重点，这两者之间既有差异，也有各自的职责。但是，在某些特定情况下，它们之间又有着相似之处，有些时候，它们之间还会互相结合。此外，对于这一部分，如果教师在教学中难以讲解、难以示范与组织，或学生在学习中阻力大、难度高而难以学会并掌握，此时，它不仅是一个教学重点，也是一个教学难点。

除此之外，从整体的教学体系来看，两者之间的相似之处还表现在如下几个方面。首先，他们都需要在教学中扮演主导角色的教师，必须对新课标进行全面了解，对教材教参深入研究，同时也要对作为知识主体的学生的知识面以及有关技能的实际操作能力等方面进行深入研究，从而对教学的重点与难点进行科学的界定。其次，在日常的教学活动中，要投入很多的时间和精力，对不同的方法和手段进行科学的选取和运用，以突出教学的重点和难点，从而使教学活动更加高效，提升教学活动的质量。最后，教学重点和教学难点都是整个教材体系的主要内容，也是在实际教学中实现合理组织教学所要考虑的关键因素，二者相互补充，都是为了更顺利、更好地实现教学目标。

三、小学语文教学重难点的设计

在进行教学设计的时候，要注重对教学的重点和难点进行设计，对教学重难点的设计可以帮助教师在教学过程设计、教学方法设计、教学评价设计以及实施教学设计过程中更好地将重点和难点凸显出来。在小学语文课堂中，要根据特定的标准或基于特定的前置分析来对其进行设计。

（一）依据语文课程标准进行设计

《语文课程标准》指出："语文课程致力于全体学生核心素养的形成与发展，为学生学好其他课程打下基础；为学生形成正确的世界观、人生观、价值观，形成良好个性和健全人格打下基础；为培养学生求真创新的精神、实践能力和合作交流能力，促进德智体美劳全面发展及学生的终身发展打下基础。"语文课程的基本理念是："全面提升学生的语文素养，正确把握语文教育的特点，积极倡导自主、合作、探究的学习方式，努力建设开放而有生机的语文课程。"本课程的主要内容包括：知识与能力、过程与方法、情感态度与价值观。三者互相影响、互相融合。课程教学的目的是全面提升学生的语文素养。在"课程目标"一节中，详细阐述了在教学过程中要实现的最基本目标，也就是我们的教学重点和难点。这部分由"学段目标"与"总体目标"两个方面构成。学段目标则更加明确地指出我们在学习过程中要实现的目标。只有把握好这些"目标"，才能从宏观和中观两个层面上把握小学语文学习的重点与难点。

（二）依据教材分析进行设计

在我们对小学语文教学重点和难点进行分析的过程中，义务教学课程标准仅仅是一个宏观和中观的基础，它只能为我们对教学重点和难点提供一个大概的指导。对于具体的教材来说，教学的重点和难点又各有其特点，因此要以前期的教材为基础，对教学的重点和难点进行设计。

（三）依据学情分析进行设计

在进行小学语文教学的时候，教师不仅要根据之前所说的课程标准、教材分析等来决定教学的重点和难点，还需要对学生进行学情分析，这也是决定教学重点和难点的一项重要基础。在课堂上，教师要以课堂实际情况为依据，决定与之对应的教学重难点，要对学生的知识、能力和素质基础进行考量，并对学生的已知、未知、应知和能知的情况进行全面分析，从而对教学重难点进行科学的确定。比如，低学段的教学重难点与高学段存在着一定的差别、语文整体水平高的班级和水平较差的班级之间存在着一定的差别、在不同地区对学生进行教学的重难点也有一定的差别。

（四）依据教学目标进行设计

这里所说的“教学目标”，是在宏观层面上，具体教学内容（章节、课文）的教学目标。一堂课的教学目标，实际上反映这堂课的重点和难点，而并非全部都是重点和难点。

（五）依据教学内容进行设计

一堂课能讲很多东西，但每个教师都有自己独特的思路和方法。例如，一篇课文可教的内容就包含作者生平、写作背景、识字写字、课文主要内容、人物思想、写作表达方法等。因为在有限的课堂时间里，教师不可能做到面面俱到，所以在对教材进行分析的基础上，对教学内容进行设计，是教师需要做好的基本工作。依据教师的安排，自然而然地反映出教学的重点与难点。举例来说，有些课文是以学习写作表达手法为主，那么相应地，这种写作表达手法就会成为本节课的重点或难点，而作家的生平或创作背景则不一定是重点或难点。

四、小学语文教学重难点的突破

在对教材、教学内容和学情进行分析的基础上，在确定教学重难点后，还需要在教学中对其进行突破。

（一）方法上的突破

1. 运用教学方法突破教学重难点

运用教学方法突破教学重难点最常见的例子是情境教学法的运用。比如，在《地震中的父与子》这篇文章中，教师要引导学生感悟父亲的了不起和父爱之伟大，就必须用“他挖了8小时，12小时，24小时，36小时，没人再来阻挡他”这一关键句，让学生去想象父亲在这段漫长的时间里所经历的种种艰难、所面临的种种危险，以及父亲的坚持，让学生从这些看似普通的数字中，体会到那种令人震撼的父爱，体会到作者所说的这些数字背后所蕴含的意义。又比如，在《一个中国孩子的呼声》这篇文章中，教师可以用“我们与爸爸相约，等爸爸凯旋的那一天，我们要带着最美的鲜花迎接他”这一关键句，采用换位思考的方法问学生：“如果你是小雷利，看到爸爸取得胜利，你会有什么感想？”然后，让学生尽情地发挥自己的想象力，去幻想和父亲重逢的快乐时光：鲜花、礼物、一起散步、一起玩耍、一起吃饭……如果他们发现，平时他们所不关心的家庭生活，现在却变得不能满足，他们也会体会到小雷利的悲痛。将学生置于课文主角的位置，去思考、去感受、去做出选择，这样的共鸣，一定会让学生对课文有一种刻骨铭心的体会。

除了情境教学法经常被用来突破教学重难点以外，其他的多种教学方法也都可以被使用在不同的场合来突破不同的教学重难点。教学方法的功能原本就包含可以用来突破教学重难点这一部分，所以对各种教学方法的特征和作用进行深入的分析，这对教师利用教学方法来达到突破教学重难点的目标是大有裨益的。

2. 通过教学过程的设计与安排突破重难点

在教学《卖火柴的小女孩》这一课时，教师既要引导学生体会小女孩命运的悲惨，又要唤起同学们的同情心，这既是课堂上的一个重要环节，也是一个难度较大的环节。在此基础上，教师可以从课程设置上进行有效解决。通过对文章的阅读，使学生有一个初步的感受。在引入新课之后，首先，要对课文中的两个自然段进行研究，并展示一张小女孩去世时的图片，然后教师用一种低沉、沉重的声音讲述小女孩的死因，这样就可以激起同学们的同情心，从而成为他们学习课文的动力。其次，在教师的指导下，学生可以在前几个自然段中找到描述这个小女孩悲惨命运的语句。最后，在教师的指导下，抓住重点句子，让学生在读完文章之后，可以在脑海中浮现出一个小女孩在除夕，独自一人饥寒交迫地行走在街道上的情景，这样可以使学生受到强烈的情绪感染，从而获得一种深切的情感体验。

（二）工具或手段上的突破

1.利用传统直观的工具或手段突破教学重难点

小学生，特别是低年级的小学生，正处于从具体的形象思维到抽象的逻辑思维转变的发展过程中，他们更易于对具体的、形象化的东西进行处理。传统的教学工具或手段基本属于直观的工具或手段，运用这些直观的工具或手段，可以更好地把学生的具体形象思维和抽象思维联系在一起，从而更好地实现对教学中重点和难点的突破。比如，在一年级上册中，《比尾巴》这一课的主要难点在于：第一，读懂句子的意思；第二，读懂文章的主要内容；第三，了解六种小动物的尾部特征。要突破这篇课文的重难点，教师可以在教学中用直观教具突破，用彩色的卡纸做六种小动物的模型，然后再与新课引入、问题设计、板书设计相结合，将六种小动物的模型贴到黑板上，让学生仔细观察小动物的尾巴，并描述它们尾巴的特点，培养学生的口语表达能力。对低年级的学生来说，他们的逻辑性和抽象思维都比较弱，因此，一款直观的、引人注目的教学工具，既可以对他们的视觉产生一定刺激，又可以满足他们的好奇心和求知欲，从而引起他们的学习兴趣，让他们能够更快地对这篇文章进行理解，从而达到突破教学重难点的目的。

2. 利用多媒体教学工具或手段突破教学重难点

当今社会，随着信息化技术的发展，使用多媒体进行教学已变得非常常见，使用多媒体的工具和方法也愈加显现出其在提升课堂教学效率方面的优越性。提升小学语文课堂教学效果的一个显著特点就是可以在许多方面轻易地突破教学重难点。

在传统的挂图、表格等机械性工具对解决教学中的问题显得无力或者没有显著作用的时候，多媒体教学工具和手段的技术优势就得到最大限度的体现。比如，在讲“飞”这个字时，教师利用Flash动画展示一只在天上展翅高飞的鸟儿，小鸟一边飞行一边把自己的身躯渐渐变为“飞”这个字的第一笔。紧接着，画面中出现那只鸟不断扑腾的双翼，渐渐地，这对羽翼形成“飞”的第二笔和第三笔。同学们不仅能迅速记忆，而且还能清楚地记得第二笔和第三笔的“由来”。又比如，在《葡萄沟》这一课中，就有一个段落讲述制作葡萄干的方法。该文所讲的生产葡萄干的“阴房”是什么样的，如何使用气流加热生产葡萄干，对在南方长大、没有到过新疆的二年级学生来说，是较难理解的问题。光靠教师的讲解和少数几幅挂图，并不能解决问题。但是，可以灵活地使用多媒体课件，展示多张从各个角度拍摄的阴房照片，让学生对其结构特征有更深层次的认识，同时还可以利用动漫来展示热空气的流动和葡萄逐渐变为葡萄干的过程，这样就可以很容易地让学生理解课文中一些抽象、难以理解的文字，从而使他们能够更好地理解课文内容。

将多媒体手段的优越性充分利用起来，是当前小学语文教师突破课堂教学重难点的必由之路，这也需要小学语文教师对其进行深入的研究和运用。当然，任何一种方法或工具（手段）都可以在一定的范围或领域内，对突破某项教学重难点起到显著作用，但却没有一种方法或工具（手段）在突破小学语文课堂教学重难点时是通用的、都有效的。教师要结合实际，特别是要结合学情和技术条件，有针对性地选择可用的、能用的、合适的方法或工具（手段），来突破教学重难点。

第四节　小学语文教学过程设计例谈

一、教学过程概述

（一）教学过程

1. 教学过程的概念

就其实质而言，教学过程是一个系统化的认知过程。在此过程中，教师应以传授与掌握知识为重点，以促进学生的身心健康发展。由教师代表社会所提出的教学要求与学生原有的知识、能力及发展程度的冲突决定教学实践活动的发展。在教学活动中，所有的矛盾都是从这个基本矛盾中衍生而出的。根据对教科书的认识，在教学活动中，揭示“认知”与“发展”之间的联系。教与学的相依关系，主要表现在对教与学的对立运动的认识上。

教学过程是一种教学的实施轨迹，它反映教学活动的开展和发展，它的本质是在教师的引导下，学生借助教科书，对人类知识成果进行掌握的一种特殊认识过程。它的特点是：认知的客体以课本上的知识为主，这些都是学生的间接体验；认知途径以教师引导为主；在这个认知过程中，既是对知识的掌握，又是对身心的发展。

2. 教学过程的要素

关于教学过程的组成要素是什么，在理论界还没有形成一个明确的结论，但是在实践中，相对有影响力的主要有“二要素说”“三要素说”“四要素说”“五要素说”“六要素说”“七要素说”等。

本文对李秉德的“七要素说”作了较多的探讨。“七要素说”把教学活动看作一个复杂的动态系统，由七大要素构成，即学生、教师、课程、方法、目标、环境和反馈。在这一体系中，教师发挥着主导作用，所有的教学都是为了让学生能够成功地完成学习任务，从而实现教学目标，换言之，所有的一切都是为了学生，并且只有经由学生，目标任务才能实现，所以，学生是学习的主体。

（二）小学语文教学过程

1. 小学语文教学过程的微观层面界定

从微观教学设计要素的视角出发，我们认为，小学语文教学过程指的是小学语文教学活动的展开过程，这个过程要符合学生的认知规律和学习心理，并能反映一定的教学次序。也就是说，在一节语文课中，要设置什么样的环节，以怎样的节奏、方式或模式来进行组织，是这个过程要进行的。小学语文教学过程是在教材分析、学情分析、重难点分析、教学方法设计等基础上，对这些教学设计的因素进行整合和融合。其他的教学设计元素都必须经过教学过程，方能达到各种设计目标。如果脱离教学过程，一切的课程内容都将只是一种理念。

在新课程理念之下，小学语文课堂的教学过程，应当是一个师生互动、生生互动的过程，是一个教师能够调动学生学习主动性、让他们进行积极探索和学习的过程。教师进行的课堂教学活动，应当是一种动态的“创造”过程，在教学中让学生有新发现和新观点。因此，在课堂教学中，我们不能一板一眼，而是要使用灵活多变的方式。

2. 小学语文教学过程的基本环节

本文所讨论的是广义上的“小学语文课堂教学过程”。

教学过程的基本环节与教学过程的要素不同。要素是根据构成教学过程的因素展开的，具体内容有：参与教学过程的主体、教学内容、教学目的、使用方法、技术与手段、教学环境以及教学反馈等。而“环节”仅是从教学过程的“过程”本身考察的，通常是指按照步骤来排列的那些流程或组成部分。

一般说来，在小学阶段的语文教学中，有四个主要步骤。

第一，新课导入环节。这个环节主要由两部分组成，一部分是回顾，另一部分是导入，通常是在情境中导入，教师可以适时板书，展示主题。

第二，新课讲授环节。在课堂上，新课程的授课是课堂教学的核心。所谓“讲授”，就是把“教”和“学”有机地联系在一起，不只是“灌输”。从教师的视角来看，这一环节主要是对新课文的讲解，而从学生的视角来看，这一环节主要是对新课文的学习。这一环节是弹性最大，也是最能体现实力和创造力的环节。教学中可通过师生互动、生生互动、提问交流、表演感悟等来进行。该过程的设置和执行，是体现教师教育教学水平的最佳途径。在此环节中，基本上可以根据其来判定教学过程的科学性、完整性，以及学生的学习效果等。

第三，巩固总结环节。复习小结对于强化课堂所教与所学是必不可少的一环，因此，复习小结也是不可缺少的一部分。

第四，作业布置环节。学生的任务分配是整个课程的最后一环。不管怎么说，这一步都是必需的，虽然现在呼吁为小学生减负，但该做的功课还是要做的。

当然，以上四个基本环节是所有小学语文课堂教学过程中必不可少的，但这并不意味着小学语文课堂教学过程中就仅有这四个环节。教师还可以针对课程类型，在一些课程中加入“拓展延伸环节”。“新课讲授环节”是四个基本环节的核心，而其他环节可以说是该环节的预备或收尾，所以“新课讲授环节”仍然是小学语文教学过程设计的重点。

二、小学语文教学过程的设计

（一）小学语文教学过程设计的现状

在整个课程中，最关键的一步就是如何进行课程的设计和布置。但是，在很长一段时间内，很多教师都没有进行好的教学过程设计，没有进行教学过程的优化。

1. 教学过程设计死板，缺乏弹性

“用学案法引导学习”这一方法在实际应用中获得许多师生的认可。部分学生反映，在实际学习过程中，很多问题都可以在课堂上得到解答。而许多教师也在运用导学案进行教学，但是他们所设计的内容和过程都非常死板，缺少灵活性，没有留有余地，最终没有取得很好的教学效果。据调查结果显示，80.8%的教师支持内容丰富、变化多样的“弹性设计”，19.2%的教师支持内容复杂性设计。很多教师都习惯于按照教材和所谓的教师教案来授课，而对于由大家共同备课而来的教案和学案，他们既不敢也不愿在实际教学过程中进行重新修订，最终造成按照一套教案来授课、按照一套学案来训练的情况。在课程设置上，千人一例，千课同一种教学设计，使得课堂教学丧失个性化。其实，在现实生活中，课堂教学是一种动态生成的过程，教师所面临的学生也是千差万别的，虽然在同一级别的教学中，都要有一个相同的教学目标，但是对于达到这个目的所制订的教学计划，却是因人而异、因班而异的。因此，在课堂上运用“弹性设计”，就能够做到因材施教，适时地给予激励，激发和指导学生一题多解、一问多答、一题多证、去粗取精、去伪存真、勇于探索、勇于创新的精神，给予他们更多的思维空间，从而激发他们的学习积极性。

2. 对教学过程的设计缺乏师生、生生之间的学习互动过程

在进行教学的过程中，要格外重视与学生之间的交流，要多微笑低头、倾听他们的故事，共同感受他们的阅读乐趣，共同提高。

在课堂中运用“弹性设计”，可以让课堂充满趣味、勃勃生机，让同学们能以自己的经验、知识、思考、灵感、兴致参与课堂教学，并成为课堂教学不可分割的一部分。曾有一项关于语文教师在教学中运用“弹性设计”的研究。通过研究，我们可以看出一些语文教师在教学中已经有意无意地实施了“弹性设计”。他们明白，只有通过这种方式，才能解决问题，才能让课堂教学由单一化转向多元化、由“呆板”转向“灵活”、由“接受”转向“建构”。

（二）语文教学过程设计的优化

1. 个体差异是教学设计的出发点

每个人都是不同的学习主体，虽然他们之间存在着很多共同点，但是在学习兴趣、学习能力以及学习方式方面，都存在着一定的差异。因此，在进行教学时，要将这些差异纳入自己的教学计划之中，这样才能够实现以全体学生为导向的目标。如果采用的是单一的、死板的教学设计，那么在一节课结束后，学生对这节课要达到的学习目标学习任务都没有一个明确的认识，更别提将个体差异扬长避短，让每个人都能最优地发展自己。

2. 要注重调动学生的主观能动性

《语文课程标准》明确提出："学生是学习和发展的主体。语文课程必须充分激发学生的主动意识和进取精神，积极倡导自主、合作、探究的学习方式。"然而，在一般的课堂教学中，因为课程安排非常紧凑，所以没有充足的时间给学生提供一个自主的空间，没有让每个人都有参加活动的机会，这就使得他们很难将自己的主动性完全调动起来，从而更好地吸收知识、吸收信息、运用知识来进行创新。在进行教学设计时，要充分发挥学生的学习积极性，给教学问题的认识和研究要留下足够的空间，让学生有积极探索和学习的机会。

3. 教学过程要与学生的社会生活相联系

《语文课程标准》对教学提出更多的要求，要加强与生活、社会之间的联系，要重视由语言使用而引起的社会问题，要对学生的社会参与意识和对社会负责的态度进行培养。所以，在课堂教学中，教师要从学生熟知的现实和习俗等方面去思考，要对"社会热点"有一个正确的了解，从而"抛砖引玉"，建立一个"问题"架构来指导学生的探索。只有通过这种方式，让学生感受到文本的实际意义，让他们学有所得、学有所用，激发他们的情感和好奇心，才能提高他们的学习兴趣。

语文教学的目标是多维度的，它既包含知识目标和能力目标，又包含情感教育目标。在教学过程中要重视情感目标的设计和完成过程。运用现代教学手段，积极创造情感气氛，排除情感障碍。

运用课堂情境，培养学生的情感。在教学过程中，要让学生感觉到教师对他们的爱，激发他们健全的情感，让他们对自己的能力有更多的信心，进而有更多的动力去主动学习。让学生在学习语文知识的过程中，以教学内容为依据，去感受并领悟教学情感，从而指导学生树立正确的人生观和价值观。

小学语文课本拥有非常强烈的生活性和教育性，在进行课堂教学的过程中，应该指导学生与社会现实相结合，对课文进行深入研究，并充分利用自己周围的生活资源，对课程内容进行深入了解，从而加深对知识的认知。在小学语文课堂中，教学过程应当是一个充满活力、具有交互性的过程，教师要对课堂教学进行细致的安排，对课堂教学过程进行设计，对课堂学习任务进行设计，并对学生的课堂学习进行指导，从而提升教学成效。

（三）小学语文教学过程的设计方法

小学语文教学过程设计可以从两个方面理解，分别对应于不同意义上的教学过程。

一种是从教学过程要素意义上进行的设计。从要素方面来看，小学语文教学过程是一个复杂的、动态的系统，它由学生、教师、课程、教学方法、教学目的、教学环境、教学反馈等因素共同构成，而小学语文教学过程的设计就是对这些要素展开设计。教学过程要素的设计实际上在教学各要素设计中都有涉及，例如教学方法设计、教学目标设计等都是在本书其他章节中已有或即将探讨的。

另一种是基于程序（流程）的设计。从程序（流程）上看，小学语文教学过程包括新课导入、新课讲授、巩固总结和作业布置等环节。这一部分的设置是我们在这一章中所要强调的。在小学语文教学过程中，各个环节的设计实际上也包含对教学过程中各要素的设计。例如，在不同的教学环节中，我们可以对其进行设计，并采用不同的教学方法。所以，小学语文教学过程环节的设计实际上就是以一定的顺序、步骤和方法，将教学过程各因素的设计与各环节的设计相融合的活动。在程序（流程）的意义上，小学语文教学过程设计并不只是一种简单的流程安排或预先设定，它更主要的是，利用环节组合，创造性地、科学地融入教学过程中的各个要素。

对于小学语文教学过程设计究竟要设计些什么，尽管仁者见仁、智者见智，但我们仍觉得，将教学过程中各环节的设计作为主要内容，将教学过程中各要素的设计与其融合，是当前比较合适的方法。因此，在此部分中，我们将从四个基本环节入手，来讨论怎样进行课程设计。

1. 新课导入环节设计

新课导入是教师课堂讲授的开始环节，一个灵活而又科学的新课导入，能够迅速地将学生的学习兴趣调动起来，有助于他们对学习目标和任务有清晰的认识，这也是小学语文教学的一个关键步骤。在小学语文课堂中导入新课时，要与教学目标紧密结合，以激发学生的学习兴趣为最终目标，在教学方式上要有生动、新颖的特点，在体量上要做到简短、简洁。新课导入没有固定的方式，它可以根据教学内容、学生的实际情况和教师的教学风格，选择适当的导入方式。常用的导入方法有很多，在此简要说明。

（1）联系已学内容的方法

这是一种常用方法，也是一种“学习”的方法。通常，教师在“复习和导入”这一过程中采用与已学知识相结合的方式，而“复习和导入”本身就是导入新课的过程，这里的“复习”是与已学知识相结合。不过，此方法需要所学知识与将学知识之间存在一定的相关性，相关性越强越好。

（2）直接导入新课的方法

这种方法，一般都是和问题一起导入的，是最简单、最省时，直接提高效率的方法，但是缺乏艺术。

（3）“情境化”导入法

在小学语文课堂中，教师要充分运用音乐、图片、动画、语言、灯光等，再加上语言的描写，来导入情境，创造出与文章情感相关的情境，让学生迅速融入学习环境。创设情境，确立的是新课导入的感情基调，使学生置身其中，产生共鸣，帮助他们理解文本的内容和情感，从而为学习文本打下坚实的基础。

（4）故事导入法

故事导入法是利用历史故事、民间故事、名流逸闻等孩子喜欢的方式，引起学生兴趣的学习方法。在教学中，教师可以运用讲故事的方式，把学生的求知欲转化成他们的学习兴趣，从而提高学习效果。

（5）设置悬念导入法

设定悬念导入法充分利用小学生天真、好奇心强的特点，在新课开始的时候，通过提问的方式，让学生心中充满疑惑，这样就可以大大地激发出他们天生的好奇心，进而引起他们浓厚的参与感，引导他们积极、主动地进行探索，当他们在阅读课文时，自然而然地就会对剧情的进展或者角色的命运有很大兴趣，进而有兴趣去学习新知识。

（6）以音乐为辅助的导入法

在小学语文课堂上，利用音乐导入的方式来进行教学，这是一种很好的方法，可以提高学生的学习兴趣。音乐是表达情感最直观的方式，它也是一扇通往心灵与艺术的窗户，通过音乐导入的方式，再加上音乐特有的影响，能快速地使课堂氛围变得生动活泼，从而激发出同学们的学习积极性，使其很快融入新课程。

（7）教师与学生共同猜谜

“猜谜”导入法是一种有效的教学方式，它对学生智力发展、课堂教学具有积极的指导意义，但对其教学质量提出更高的要求。

在小学语文课堂上，除了以上所提到的普遍存在的新课导入方法之外，在其他学科的课堂教学中，也可以使用一些新课导入的常用方法。比如，实验演示导入法，就是利用做实验让学生发现问题，从而导入新课，这种方法可以用于一些科技类文体的教学。

2. 新课讲授环节设计

在新课的授课过程中，要按照《语文课程标准》来进行，教师要将学生的积极性和创造性充分调动起来，要尽可能地将语文的实践性和综合性表现出来，注重对情感、态度、价值观的正确引导，更要注重对学生创新精神和实践能力的培养。

学生的生理、心理以及语文能力的发展都存在着一定的阶段性，因此，在进行各种课程的教学时，应当以学生在不同学段的特点以及他们所掌握的课程内容为依据，采用适当的新课讲授方法。

（1）识字、写字与汉语拼音教学

低年级阶段学生“会认”与“会写”的字量要求是不同的。教学应做到“多认少写”，要求学生会认的字不一定同时要求会写。识字教学要关注儿童的特征，要以学生熟悉的语文要素为主体，并与他们的生活经验相结合，引导他们利用多种机会，做到识用结合。要充分利用多种识字教学方法，采用生动、形象的教学手段，营造生动活泼的教学氛围，以提升教学效果。

按照规范要求认真写好汉字，这是一项最根本的教学任务，同时也是一个培养学生性情、态度和审美情趣的过程。每个学段都应指导学生写好汉字。要求学生写字姿势正确，指导学生掌握基本的书写技能，培养他们的书写习惯，以达到提高书写质量的目的。第一、二、三学段应在每日一次的语文教学中留出10分钟的时间，在教师的引导下进行随堂练习，以达到日日练习的目的。在平时的书写过程中，要加强练字意识，注重练字成效。

在进行汉语拼音教学时，要尽量保持一定的趣味性，可以多开展一些活动和游戏，还应该与学习普通话、识字教学等方面紧密地联系起来，注重汉语拼音在真实语文生活中的应用。

（2）实施“阅读”教学

在阅读教学中，应该指导学生深入研究课文内容，在积极的思维和情感活动中，深化对课文内容的理解和体验，从而产生感悟和思考，得到情感熏陶、思想启发，进而可以享受审美的愉悦感。要重视学生的独特感受、体验和理解。在阅读教学中，教师应注重对学生的引导和点拨，而不应该用教师的解析来取代他们的阅读，也不应该用模式化的讲解来取代他们的体验和思维；在课堂上，教师要注重运用小组协作的方法来解决阅读中的问题，避免以小组研讨取代个别阅读。

在阅读教学中，要注重培养学生感受、理解、欣赏和评价等方面的能力。学生在学习过程中，可以根据不同的学习阶段而偏重于不同的学习内容，而不应该将其完全孤立。

以对文本的深刻了解为前提，提倡多角度、创造性的阅读，充分利用阅读期待、阅读反思与批评的过程，拓宽学生阅读的思路，提升其阅读的质量。但是也要避免过分深入地进行逐字剖析，避免过度地脱离原文。

在不同年级的语文阅读教学中，应注重朗读。在各个学段有关朗读的目标中，都有“有感情地朗读”要求，这意味着要让学生在朗读过程中，去品味语言，去感受作家和作品中的情感态度，学会用适当的语气和语调来朗读，以表达自己对作家和作品情感态度的理解。我们提倡自然的朗读方式，并且要抛弃矫揉造作的腔调。

在教学中，要注重培养学生的阅读能力，使其能在较短时间内完成精读、略读和浏览。一些诗文应该通过朗诵来丰富学生的积累、增加其阅历、提高其语文能力。

在阅读过程中，教师可以通过对文本内容的指导，让学生了解文本所需的语文基础，但是不能离开语文应用的实践而“系统”地讲解和训练，也不能要求学生将概念和定义死记硬背。

在教学过程中，应培养学生广泛阅读、拓宽阅读范围、加大阅读量、提升阅读品位。鼓励学生少做题，多读书，好读书，读好书，读整本的书。注重在不同媒介中阅读，并鼓励学生自主选择优秀的阅读材料。加大对学生的阅读教学力度，积极组织各类课外阅读活动，为学生提供展示和交流的平台，形成全民热爱读书的良好环境。

（3）提高学生的语文写作能力

在写作教学中，应该更接近学生的实际情况，让他们更容易动笔，更容易表达自己的情感。因此，应该引导他们关注现实、热爱生活，积极地去表达自己的情感。

写作教学要重视学生的观察、思考、表达、创新等方面的训练。要求学生说真话、实话、心里话，不说假话、空话、套话，还要抵制抄袭的行为。

要给学生创造良好的创作环境和广阔的创作空间，降低他们在创作上的拘束，提倡他们自由表达和有创意的表达。鼓励学生把自己想象的东西写下来，加大对日常训练的引导力度，对作文的命题方式进行改革，鼓励学生自主选题。

写作教学要掌握好素材的选取、构思、拟稿和加工等各个环节，通过练习引导学习写出好的作文。注重指导学生自己评改、互相评改，以促进其写作水平的提高。

要注重写作教学与阅读教学和口语交际教学的关系，把读写和说写有机地结合起来，互相促进。要重视书写的质量，让学生将写作当成一个练习书法的过程。

要充分利用信息技术与网络的优势，让学生的写作方式更加丰富多彩，让他们的写作更加有趣，让学生有更多创造性表达、展示交流与互相评改的机会。

（4）口语交际能力的培养

口语交际的教学活动应该以特定的交际环境为主，而不应该过多地讲解口语交际的原则和要领。在课堂上，要尽量选取与生活密切相关的主题，并采取多种形式，以灵活多样的方式进行授课。

注重在语文课堂中对学生的口语交际能力进行培养，并鼓励学生在各学科的教学活动和日常生活中进行口语交际的训练。

（5）综合性学习

综合性学习应该与实际生活相结合。与生活中的现实问题相结合，在达到语文教学目标的过程中，不断地提升学生对自然、社会现象与问题的认知水平，追求积极、健康、和谐的生活方式，提高学生抵御风险和侵害的意识，提高学生与自然、社会以及他人交互过程中的应变能力。

在进行综合性教学时，应强调学生的自主性，强调学生积极、主动的参与精神，让学生自行设计、组织各种活动，尤其要注重他们的探索、研究过程，强化教师在各个阶段的引导功能。

综合性教学要突出协作，注重学生策划、组织、协调、实施等方面能力的培养。

3. 巩固总结环节设计

巩固总结环节设计以“反思”为基础，采用“推理”的思维方式。在设计过程中，要考虑以下四个方面的问题。

（1）推测该课程在多大程度上完成了教学目标

利用其他环节的设计与分析，教师可以对这一节课可能达到的教学效果进行预测，并对本节课目标的实现程度进行预测，从而设计出适当的巩固总结环节。

（2）预估学生在学习过程中，对学习重点和难点的突破情况

教学归根结底是在“学”中进行的，解决好教学中的重点、难点问题，除了要解决好课程本身的问题外，还要解决好学生在课堂中的学习行为与过程。对教学重难点的突破程度进行预估，便于教师决定在设计巩固总结环节选取哪一种方法。

（3）运用简短的文字，以简短的方式，拟出一篇有关学生学习的摘要

小学语文课堂教学巩固总结不可以写得太长，巩固总结资料一定要精练，相应的巩固总结环节时间设计以2—3分钟为宜，所以要设计好关键词，提炼好巩固总结用语，以达到画龙点睛之效。

（4）在设计中，要有一个自然的过渡，并且要有适当的拓展延伸空间

在小学语文课堂教学中，巩固总结环节是其重要的组成部分。在进行这个环节的设计时，要注重该环节与其他环节之间的衔接，要有一个自然的过渡，在形式上要让教学整个流程更加自然、顺畅，不会显得太过于突兀，在内容上，使知识更具备系统性和条理性，可以起到承上启下的作用。巩固总结环节对课堂教学的扩展与延伸也是有益的。在设置巩固总结环节的时候，要适时地运用发散思维，让学生把自己学过的有关知识联系起来，或是与它们进行对比，从而产生出人意料的结果。

4. 作业布置环节设计

“作业”是教师给学生安排的一种学习任务，它包含课上和课外两种形式。课程结束时所布置的任务一般都是指课外的任务。无论是课上，还是课余时间，布置作业都是排在作业设计后面的一项工作，在作业布置环节设计中，最重要的就是对作业进行设计，只有将作业进行设计，才能高效地布置作业，所以，作业设计不仅是作业布置的一个前置步骤，也是作业布置环节的一个重要组成部分。

许多教师没有充分理解作业的教育意义，在作业的设计和安排上，都是较为随意的，常常是以一种形式而非以一种内容来衡量，对作业数量的要求远远超过对质量的追求，缺乏一种高效进行作业设计的观念，这对教学工作是不利的。在进行作业设计时，应考虑下列五个方面。

（1）指定的任务必须与课程目标相一致

不管是课上还是课外，其主要功能都是为了推动学习内容的保持与迁移，因此，在进行作业设计时，首先要考虑的就是作业内容与教学内容的一致性。其次，教师的教与学生的学之间的关系，以及学生的学与对学生的评价之间的关系，都是衡量一门教学能否取得成效的重要指标。

（2）适用于不同水平的学生

在布置任务时，应兼顾所有学生的水平。作业的难度和数量，甚至是作业格式，都要经过仔细的设计。苏霍姆林斯基曾经说过：“对家庭作业的个别化应当予以特别的重视。如果教师不给某些学生布置一些个别性的作业，那就说明他没有研究过每一个学生的力量、可能性和能力。”魏书生曾经说过：“一堂课要留有三种不同类型的作业题，让学生按照自己的学习情况选择完成。”两位教育工作者分别从两个方面论述了家庭作业设置的针对性问题。

（3）作业的内容要丰富

由于不同的学生之间存在着差异，这些差异给我们的教育工作带来很大的挑战。在学习内容、教材和活动形式上，都有明显的差异。采用多种方式设计的作业能更好地适应不同知识类型的学生。

（4）要求要有针对性，要有条理

由于作业是让学生去完成的，学生对作业的理解障碍，很可能会影响他们对作业的感情色彩和参与程度。在作业内容方面，对学生的要求要明确、具体，不能过于笼统。

（5）适于教师检查和批改

在进行最基础的语文课堂教学之外，一位小学语文教师还要担负起班主任的职责，或者是任教其他学科的职责，再加上平时的备课、修改作业、与学生谈心、家访等，这些都是非常繁重的工作，假如作业难以进行有效的批改，必然会对教师的工作状态造成不利影响，甚至会对教师的正常生活造成不利影响。在实践中，有些教师在遇到难以批改、未完成的作业时，就会出现“应付”的情况。比如，很多教师都会让学生去完成“名著阅读”，但当学生把读后感交给教师的时候，教师只是简单地批个“阅”，然后就是“优”“良”“中”之类模棱两可的评价，没有经过认真细致的批改。经过多次尝试，由于没有得到切实的反馈，同学们在完成这些作业时往往敷衍了事。对此问题的反思，主要是因为教师没有对作业批改的工作量、批改方式等进行合理的设计，教师给学生布置的作业难以批改，这种情况下的作业不会产生任何练习效果。

三、小学语文教学过程的实施

在设计小学语文教学过程的时候，并不能全面地考虑到一切可能性，教师要基于教学过程的设计，对其进行适时的调整，这是有必要和可能的。在进行小学语文学习的各个阶段，有许多值得关注的问题，也有许多基本要求。

（一）新课导入

1. 新课导入环节常见的问题

（1）与教学目标和教学内容相背离

有位教师，在教学二年级上册《我要的是葫芦》一课时，他先是展示了一支长笛，接着演奏了一首《扬鞭催马运粮忙》，然后和同学们讨论长笛的造型和结构。最后，他又用葫芦丝演奏了一首《月光下的凤尾竹》，并和同学们就葫芦丝的形态、结构进行探讨，并讨论古人的智慧。到这时，导入环节才算告一段落。该课的整体导入环节与教学内容没有很大联系，它实际上是展现一位青年小学语文教师自身音乐素养的活动，它与教学目标严重偏离。

（2）过多的导入

以吸引学生的注意力和激发他们的学习兴趣为出发点，许多教师在新课导入环节花费大量的心思，大量运用音乐、绘画、表演、游戏、情境设置等手段，仿佛要尽可能地把所有能用到的方式都用上。虽然增加了手法，提高了学生的学习兴趣，但花费的时间也更长，不仅浪费教师的准备时间，还会影响后面的教学。一旦出现过度兴奋的场面，就很难让人冷静下来，进行下一步的教学，这与导入环节的本意是相悖的。

（3）冗长拖沓

完成新课的导入，就等于完成一节新课的大半。虽然新课的导入有“虎头”之称，但是在进行新课导入的时候，仍然要有明确的先后顺序，特别是在导入这个阶段，要掌握好时长，通常在3分钟以内，不然会对整个课程的进度和效率造成不利影响，从而对后面核心内容的讲解产生不利影响。冗长拖沓也体现在导入时的语言表述不够简洁、不够连贯。

2. 新课导入的要求

（1）新课导入要适度、要规范

在导入新课的时候，在时间和节奏上要适度，不要将教学过程中的各个环节主次相混，在方式与手段上要适当，能够达到目标就可以。在导入新课时，应注意遵循“不背离”教学目标和教学内容的原则。其目的在于实现教学目标，因此，新课导入要与本课的教学内容密切相关。

（2）新课导入要有弹性和灵活性

教学方法虽好，但如果不能灵活应用，其教学效果也是可以预见的。根据教材特点、学生已学知识以及他们的心理特点，使用适当的导入法，才能让学生怀有好奇心，才能始终处于一种乐于学习的状态。

（3）新课导入时，要“精简”“概括”

导语只是一个开始，不能代替正文。在进行设计的过程中，所使用的语言和方法要准确，要根据实际情况而来，主要以教学内容为中心，尽可能地对其进行简化，同时还要把它的时长限制在2—3分钟之内。

（4）新课导入要有创意，要有趣味性

兴趣可以提高人们对某种事物或一项活动的认知程度，从而提高其内在学习能力，引起他们对知识的渴望。因此，在设计的时候，语言要高度精练，虽然只有很少的几句话，但也要做到语言生动，并将趣味性与知识性结合起来。

这样就可以激起学生强烈的求知欲，从而对所学知识有一个全面的了解。

（二）新课讲授

1. 新课讲授环节常见的问题

（1）不能紧扣教学目标

缺乏对课程目标的把握，主要体现在三维目标虚化上。小学语文教学的三维目标（知识与技能目标、过程与方法目标、情感态度与价值观目标）应该是互相渗透、互相融合的。然而，在新一轮的课堂教学中，不少教师却倾向于强调人文精神的培育，而忽视对课本的理解，忽视基础知识，忽视对语言基础的训练，对课本内容一笔带过，甚至连字词难点都没有弄明白，就跳过课本，进行大量的思维活动，进行一些思想和精神的熏陶，仿佛“双基”教学不是一门新课程，只专注于“情感态度与价值观”的光环，而忽视“知识与技能”的光芒。这样的做法既没有紧扣教学目标，又没有注重“工具性”和“人文性”相结合的本质特征。

在现实的小学语文新课教学中，阅读课变成了写字识字课，写作课变成了阅读课。有些教师在进行跨学科教学时，在课堂上表现出一种偏执的态度，一意孤行，只注重课堂氛围的活泼，这就导致在新课程中出现非语文活动过多的现象。比如，有些教师喜欢在语文课上设计游戏性活动，有些教师喜欢在语文课上朗诵，有些教师喜欢让学生以小组为单位去抢红花，或者唱歌PK去争夺“霸主”，等等。这些活动让小学语文教学从外表上看，显得非常热闹。但是，因为许多活动，并没有真正理解和运用语文知识，再加上耗费时间较长，事实上，小学语文教学进入一种新的“少、慢、差、费”局面，失去语文的基本特征，语文课堂变成大杂烩，新课程的教学环节，完全偏离教学目标。

（2）重点和难点没有得到有效解决

对重难点的突破不到位主要有两种情况：一种是在课前对课堂教学的

重难点进行仔细分析，并对其进行正确设计，但在新课的教学过程中没有将其实现。在新课程的教学过程中，教师总想实现教学信息量最大化，总希望教授更多知识，所以才会面面俱到，覆盖面太宽，而且还存在着很大的随意性，没有对重难点突破进行明确的落实。另一种是在课前对教学重难点进行设计时，本身就出现偏差，未能对教学重难点进行准确剖析，致使在新课堂上无法对其进行有效突破。

（3）有显著的过度行为

第一，对单一方法的过分依靠。过分依靠一种方式的情况有很多，对字理识字教学法的偏执使用，大概就是其中之一。字理识字教学法是在传承以“字源”“字意”为基础，吸纳现代汉字研究新进展的基础上，从汉字造字、用字等方面进行教学的方法。在识字教学中，追根究底、剖析字理，将点、画构成的方形汉字转变为栩栩如生的图形，从而提高学生的学习积极性，加深学生对汉字结构的认识，减轻学生的背诵压力。字理识字教学法，其意义和价值确实不同凡响，而一味地倡导字理识字教学法，在我们眼中，现在只不过是一个极端的口号。正如任何一种教学方法，都有它不可逾越的限制。中国语文现代化学会会长、北京大学教授苏培成先生在《中国教育报》上发表过一篇文章，他警示我们识字教学不要勉强谈字理。他主张字理识字教学法的局限性，其根本原因在于汉字本身。字理识字教学法，对字源有着强烈的依赖性，古人在创造汉字之初，智慧程度和现代人不一样，他们所用的大多是繁体字，现在流行的许多简体字，已经难以找到它们的原型。至今，许多汉字的造字规律仍未有明确的依据。目前发现最古老的汉字来自殷商时期的“甲骨文”，其中有一大半文字我们都不认识，即使是认识的文字，也有很多无法解释的地方。在“六书”中，不少假借字，都是形似而非意，很难解释其中的意义。此外，从甲骨文至近代汉字，汉字在形、声、意等方面也经历了一系列演变，一些原来具有字理意义的词语，由于演变而丧失字理意义，变成了没有意义的符号。

有位教师，对字理识字教学法很感兴趣，她对每一个陌生的文字，都会进行深入研究，最后达到凡字必谈字理的地步。一次公开课上，讲授一个生字“钉”。她说，“丁”像一根钉子，通常是用铁或者钢做的，因此在它的旁边加一个“金边”。这时，有个同学举起手，说道：“教师，‘丁’有个钩，我们见到的钉子没有钩，有钩怎么好往墙上钉呢？”教师一时哑然，听课的教师也愣住了。这并不能全部归因于教师的教学才智不足，或许更大的原因在于教师一味地强调字理，却忽略很多需要思考的细节。这就是字理教学的失败之处！

过分依靠一种方式，既是新课程实施过程中出现的问题，也是新课程实施效果不佳的必然结果。比如说，从头到尾都是提问和回答，而且在许多时候，问与答都是教师与学生个体之间的问答，缺乏必要的讨论与争辩，教学方法单一且单调，因此课堂气氛很难保持活跃。

第二，对多媒体工具的过分依赖。有些教师过分依靠一种教学方式，而有些教师则过分依靠多媒体。现代教育技术不断进步，其中以多媒体技术的进步最为显著。作为一种新型的教学方式，多媒体教学可以将教师的指导作用发挥到最大，将学生的学习热情完全激发起来，让他们多动脑、多动手、多动口，从而提高学生分析和解决问题的能力。但是，如果过度依靠和重视多媒体教学，就很可能走向错误的道路。

一位教师给大家上一堂名为《曹冲称象》的公开课，教师制作了一组漂亮的PPT，将这个故事的内容全都写进课件里，当教师讲到有人建议砍大树做大秤时，PPT里会出现一个用大秤称量大象的场景，让同学们一下子就意识到这个设计的问题。当讲述曹冲的提议时，用幻灯片把这个过程以影片的方式呈现给同学们，从而加深同学们的理解。

课堂教学的效果自然让听课的教师赞叹不已，纷纷表示这堂课是运用现代化教育技术的一个典型。但是，有一个问题是我们应该关注的，那就是语言和文字的功能性问题。文字是传递思想、抒发情感的工具，语文课的教学要遵循这个原则。对过程的想象和理解、对情感的体验，都要经过“文字”的感悟而获得。如果都使用音画的教学方法，虽然能够减轻学生的思维压力，但是这并不是一种聪明的方法。说得严重一点，教师就是在剥夺学生进行深度思考的权利和机会，这是在培育偷懒的学生，也是在培育不会思考的学生。这就好比我们在看一部经典的电视剧时，会发现里面的情节和思想都或多或少地脱离了原作，而那些电视剧却在很大程度上变成年轻学生心目中的经典，这是一种悲哀。

语文课堂应该简单，但是简单的课堂教学不排斥多媒体，恰恰相反，它是一种必要的手段，只是在使用多媒体时要遵循原则，那就是不能过度，不能剥夺学生思考的权利和机会！

除了对单一方法的过度依赖和对多媒体工具的过度依赖之外，教师在课堂上过度提问、过度发掘文本等也都属于在小学语文课堂新课教学中比较普遍的过度行为。

2. 新课讲授的要求

在对教学目标、教材内容、重难点以及对学情进行分析之后，新课讲授环节就应该按照事先的设计，一步一步地进行，并依据课堂教学的进度和实际情况，及时调整教学方法、教学流程和时间安排等。

（1）识字、写字与汉语拼音教学

第一，识字教学。在识字教学方面，一是要注重《语文课程标准》中

300个基本字的学习，在这个基础上，逐渐提高学生的识字和写作能力。二是要尽量避免高段识字教学低段化。高段学生在经过低中学段的学习之后，对各种识字方法都有了很好的理解，具备一定的认字能力。而且，高段学生可以在预习过程中，对生词字形进行分析，可以利用查词典等方式，或者是结合语境来理解字义，因此，在课堂上的工作就成为对重难点生字学习的合作探讨与交流。三是在识字教学中应反映出识字教学的全面性。在识字课上，教师要根据汉字的特性，根据所学汉字的基本知识，选用适当的教学方式和内容，使学生能够准确地记住形状，了解词义。在教学中，通过对汉字文化知识的渗透，同学们体会到了汉字的广阔和丰富。四是杜绝生字教学零起点。在识字教学中，教师必须找到合适的切入点，最大限度地发挥学生现有的知识与经验（汉字、汉语拼音等都是学生已知的），把有限的时间与精力放在“刀刃”上，“只教授学生不懂或者比较薄弱”的内容，才能从根源上解决“零起点”教学问题。五是要避免对汉字的误读。要避免对汉字的误读，实际上就需要教师在语文课堂中谨慎使用文字的读写方法。没有哪一种教学方式是包治百病的。字理识字更容易被小学生接受，在字理识字教学中，凡是能说清楚字理的，就应该利用字理。但不要太过执着于字理，过于牵强地运用字理识字教学方法，教师费时，学生费解，更多的是会有很大的副作用，很难治愈。

第二，写字教学。写字教学应注意以下三个方面。一是确保同学们有足够的写字时间。在一堂语文课上，要给学生几分钟时间，让他们认真写字。《语文课程标准》对第一、第二、第三学段的要求是，要在每日的语文课中留出10分钟的时间，在教师的引导下，进行随堂练习，实现天天练。在平时的写字过程中，要加强练习意识，注重练习成效。这是语文教学中最基本也是最外在的标准。二是要确保写字的质量。在规定时间内，保证写字的质量。从二年级起，每篇课文都需要会写8—12个汉字。在指导学生写字的时候，教师应将几个字放在一起进行指导，让学生同时练习写，从而提升课堂识字与写字的效率。三是要把握写字机会。通常，课堂教学中的写字环节都会被安排在认字和读完课文后，从某种程度上来说，这种做法有很大的优势，即教学板块明确，也不会出现低学段学生拿笔、削笔和放笔等行为造成的课堂秩序紊乱的现象。此外，在写字环节中，如果没有足够的时间，教师还可以将这个环节转移到下节课或课外。也可以试着针对生字出现的不同情况来引导学生进行分散写字，这样学生在整节课都对写字有新鲜感。在识读和写中进行两种不同的活动，这样既能防止一种活动持续太久而使学生丧失学习的兴趣，又能将写字教学的难点合理地分散开来。

第三，汉语拼音的讲授。在汉语拼音的学习过程中，我们必须准确地掌握汉语拼音的作用。汉语拼音主要是通过给汉字注音帮助识字的，所以，它仅仅是识字的一种手段，是为识字服务的。在汉语拼音课上，要避免赋予拼音过多的附加功能。比如，有些学生在书写一个小句子时，“不会写的字用汉语拼音代替”，这种做法值得商榷。另外，要注重一年级学生的心理特征，要降低拼音学习的难度，提高学习的趣味性。（汉语拼音单元中的生字只要能读能认就可以了，不用写出来）将拼音教学与识字教学有机地结合起来，是一种行之有效的方式。在拼音教学与识字教学相结合的过程中，教师应注重引导学生在生活中多观察，及早运用拼音来学更多的字。

（2）阅读教学

第一，在新课的阅读教学过程中，应注重教师的角色转换。要想收到较好的语文阅读教学成效，教师就要把自己的角色转换为“阅读意义”

的创造者。教师也是课文的载体，是“活物”，是有情感的，可以把自己对课文的感悟，传递到学生身上，让他们更好地理解课文，更好地提高学生的精神境界。在阅读教学过程中，教师一定要认识到，小学生是被教育的对象，尽管他们是身体和心理发展不完善、不成熟的个体，但是他们拥有强烈的民主意识和主体意识，他们渴望平等，追求发展。教师要尊重学生的个性，与他们进行心灵的交流，让他们感受到平等、真诚、理解、包容的氛围，从而愿意去接触新事物，充满阅读的激情。“这也就意味着角色定位的转换：教师由教学中的主角转向‘平等中的首席’。”在阅读课上，教师应指导学生开展大量的课外阅读活动。语文教师应充分认识课外阅读的重要意义，适时转变自己的身份，主动担负起促进课堂内外阅读高效交流的“桥梁”。除此之外，教师还应该建立“课内学方法，课后求发展”的阅读教学理念，把课堂学习当成是学习的重要途径，并且要充分利用好各种形式的课外阅读活动。在教学过程中，要让学生在学习中，对阅读的理论知识进行积累，并利用参加的课外活动来获取实践经验，将理论和实践联系起来，加深学生的情感体验，提升他们的自学能力和创新能力。

第二，把培养学生技能转变为培养学生学习方法。从阅读是一系列技能的角度来看待，学习阅读就是要学会一套分层级顺序的分技能，从而使其成为一种有阅读技能的人。当学生学会这些技能之后，就可以对文本进行流利的阅读。技能培训是指在文本中被动地接收其中所包含的内容，文本意义存在于文本中，而学习目标就是重新构建文本意义。在“技能培训”理念的引导下，语文阅读能力并未得到显著提高。在此基础上，本节提出一种新的、更高的、更深层次的阅读方法。学生利用其原有知识，通过灵活的策略来构建文本的语义模式，对学生对文本的理解进行监测，当理解难以呈现时，调整其策略。学生会按照自己的知识水平对策略进行选择和调整，所以，阅读是一个主动的过程，也是一个培养学生对文本进行理解的过程。学生学习不好是由于其不能针对不同的学习任务，选择合理的策略并灵活地应用，因此，在课堂上，教师要把如何正确地使用这些策略作为教学目标。在目标、复杂程度、灵活性和读者观上，技能培训和阅读策略培训有着显著不同。目前，更多的教育家已经认可“阅读策略教学”这一观点，并且正在逐步替代“阅读技能培训”。

第三，根据所选文本的种类，采用相应的教学方法。对于寓言、童话类课文，要与字词的学习相联系，强化朗读、复述等语言实践活动，并让学生进行讨论，交流他们对自己感兴趣的事情和事件的理解和看法。从整体上讲，这一类型的文本应重视对学生想象力的引导和对其进行多元化的培养。比如，在低年级，可以利用图文对读，突出识字与写字；在中年级，指导学生欣赏人物形象，精读并品味语言，培养学生对故事情节的复述能力；在高年级，学生要对文章的主旨进行总结，学会对文章的主题进行揭示，并对其象征意义进行分析。

在诗词和散文方面，重点是要让同学们能从字里行间体会到作家的思想感情。诗与文，皆以情为命。在教学过程中，可以指导学生在阅读过程中，通过关键词句、重点段落来获得自己的情感体验，也可以通过相同段落结构的比较获得情感体验。在诗词与散文课中，教师应采用“反复朗读”与“反复体验”相结合的方法。

在学习小说和神话故事的时候，教师要指导学生从总体上感知主要内容，把整个故事的前因后果弄清楚，感受情节在塑造角色和揭示课文主题方面的作用。指导学生对文本中所描述的人物和语言进行深入理解，掌握人物的性格、思想和情感，从而感受小说的主题，领悟神话的奇妙。在小说、神话的教学中，还要重视对人物所处的环境进行分析，并在此过程中，对环境与人物、主题之间存在着密切联系进行认识，并学会作者描述环境的方法与技巧。

在古诗词的教学中，应注意以下几个方面。一是对古诗的解读，着重于把握一些重要词汇，抓住学生感到陌生，而又与现代词汇含义迥异的词语，从而使他们更好地了解这些词汇。二是通过情境式的教学，使其体会艺术的美感，从而使其“入境”。三是注重古诗教学中的“感同身受”和“感化”，强调古诗教学中的吟诵与想象，使学生在吟诵与想象中更深刻地理解古诗的内涵。在学习文言文时，教师应引导学生阅读整篇文章，并让他们与联系批注，了解每个句子的含义，从而对文本内容有一个总体把握。在指导学生品味语言、发挥想象力的过程中，还应该让他们熟悉并背诵文章。

在讲解说明文时，首先，要引导学生对文章风格有一个基本认识，并掌握文章的主旨；其次，要让学生了解说明的方法；最后，让学生感受文本语言的精妙，领悟说明文的措辞特色。

（3）提高学生的写作能力

第一，指导学生通过多角度的观察来充实他们的写作素材。在指导学生进行观察时，应注意以下问题：一是要注重指导学生对日常生活中一些细小的事物进行观察；二是要把方向性观察和随意性观察统一；三是指导学生把日常观察的生活素材按一定的规律进行分类，形成“素材源”“素材库”；四是要指导学生经常交流，加强他们对生活范例的重新认知。

第二，指导学生进行大量阅读，增加他们的语文素材和拓展他们的思维空间。首先，要给同学们的阅读带来丰厚资源，倡导在学生中推行绿色海量阅读，并根据“绿色阅读”的集体行为特征，来引导全班同学阅读。

其次，教师可以对阅读效果进行适时、随机的测试，可以设定一些具体的教学环节。例如，在课前3分钟，把课外阅读与课堂阅读教学以及写作教学紧密地融合在一起，让阅读积累的写作基本作用得到充分利用，让学生能够开阔眼界，并为自己的写作积累素材。

第三，抓住“小练笔”的机会，放慢写作练习的速度。“小练笔”指在一定范围内，以较小的篇幅和较短的时间，针对某个要点和核心而进行的写作练习。“小练笔”就像一个梯子，可以让学生在练习中放慢速度。学生在进行小练笔时，可以先让他们写摘录式习作，也就是摘录美文美段、名言警句等。再展开记叙式习作，逐渐扩大篇幅，并将其扩展到其他文体的小习作中。

第四，扩大练习范围，并在练习中适当加大练习量。在练习时机上，要做到从课上走向课下，要克服“为了写作而写作”的倾向；从培养角度来看，教师应该通过多种方式进行，并为学生创造更多的练习平台，让他们在这些练习过程中不断提升自己的语言表达水平和创造力，将课本中的习作资源进行有效发掘，从而拓展出更多的教学与培训途径。

第五，加强创新性思维的培训，培养学生的创新能力。在进行写作的过程中，教师要打破他们的思维定式，用同一话题的多角度选材、同一中心的多种选材、同一材料的多种立意、同一材料的多种类型等方法来对他们进行发散式思维的培养。通过对关联关系的分析，培养学生的灵活应变能力；发挥学生的人格魅力，培养其独特的思维能力。

第六，建立一种新的写作课堂教学方式，以促进写作课的有效开展。“教师讲—学生做”的传统写作教学和培训方式，不利于培养学生的创造力。因此，要想从根本上改变语文写作的现状，就需要建立一种全新的、富有生机的语文写作教学模式。这个模式的基本架构是：营造氛围，诱发创新热情——大胆表达，拓展创新思维的空间——交流合作，激活创新思维的火花——评优激励，激发新的创新动机。同时，在此基础上，还可以依据教师自身的实际情况，对这种新型的教学方式做出相应的调整和改进。写作教学模式没有最好，只有更好，它对学生写作水平的提升、对学生创新思维和能力的培养都是有益的。

（4）口语交际能力的培养

在进行口语交际教学过程中，要对口语交际的特征进行正确理解，突出口语交际的主体性和客观性，并对其教学方法进行有益探索。在课堂教学中，教师可以根据自己的实际情况，设置情境，并注重与小学语文学习的特征相联系。在实施过程中，教师要注意评价的导向和激励作用，充分利用随堂性评价和激励性评价，要对学生进行有效评价，要针对不同的教育对象，采用不同的评价方法；要对提升学生口语交际能力的情境与策略进行充分考量，对学生的日常家庭生活、社会活动以及学校活动进行有效指导；注重引导学生在口语交际中的文明表达、个性表达，能够恰当使用身体语言，正确表达自己的想法，从而引导学生成为一个会表达并且拥有较高口语表达能力的人。

（5）综合性学习指导

第一，突出综合性。小学语文综合教学与识字写字、阅读、写作、口语交际等并不在一个层次上，其教学内容与“课外活动”“语文实践活动”“综合实践活动”等课程教学内容有很大区别。综合性学习指导应突出语文知识的综合运用、听说读写的一体化发展、语文学科与其他学科的交流。

第二，注重实践。在综合性学习指导中，应该将书本上的知识与实践活动相联系，将重点放在语文实践活动中，对学生的语文实践能力进行指导，并将其引入生活实践和社会实践中，将语文知识运用到生活当中。

第三，注重探究。在综合性学习指导中，教师应该对学生的自主能力进行有效引导，并为他们提供必要的协助，让他们能够继续进行下去。学生还小，不能让他们胡来。以学校、班级和学生的实际情况为依据，教师应对在活动过程中如何探究、如何运用语文知识与技能来推动活动，给出具体的指导意见。

第四，以过程为导向。综合性学习指导的目标，并不是要对学生所掌握的知识进行引导，而是要让他们能够积极地去获得新知识，并能够应用新知识去解决现实问题。所以，激励所有学生充分投入教学中去，就成为综合教学的首要任务。在教学中，除了要注重教学内容的策划和准备，以及教学成果的展示，更要注重教学内容的反馈和总结。通常情况下，这些环节都是在语文课堂以外，由同学们以各自的方式进行的，教师对它们的干预不多，而且同学们的自由度很高，所以，在对学生进行综合性学习指导时，教师应该对这一类的薄弱环节给予足够重视。

（三）巩固总结

1. 巩固总结环节常见的问题

（1）对课堂内容巩固总结，偏离课堂教学目标

在小学语文教学中，“巩固总结”与“教学目标”偏离，与“核心问题”相去甚远的现象经常出现。在这个环节中，我们要紧紧地跟进巩固总结，因为不管是在记忆保持上还是在注意力集中上，小学生都存在着不足，因此，准确、及时的巩固总结是不可或缺的。虽然也存在着一个巩固总结的过程，但是在这个过程中，巩固总结的内容与前置环节之间存在着一种松散的联系，甚至是完全不同的情况。这样的巩固总结已经脱离教学目标，它不仅没有发挥出巩固和总结的功能，还会影响学生的学习，削弱

教学效果。

（2）巩固总结的形式单一

很多情况下，在小学语文课堂教学中，巩固总结环节并不能得到教师的足够关注，导致它的作用与意义也被削弱了。因此，在这个环节教师所花费的时间要比其他环节少得多，所采用的方式也比较单一，使用板书、PPT等进行巩固总结是很常见的方式。板书与PPT已经在课堂上呈现或显示过了，当再见到相同的板书或PPT时，学生无法提起学习兴趣，甚至对巩固总结环节产生厌恶或抵触心理。

（3）巩固与总结脱节

巩固和总结是密切联系在一起的，它们一起构成巩固总结环节。但是，许多教师在新课程结束后，或者只是对本节课的教学内容进行简单复述，以达到“巩固”的目的；或者只是对前面的部分进行总结，而没有采取具体的巩固措施。因此，“巩固”和“总结”脱节的现象很常见。

2. 巩固总结的要求

（1）紧扣教学目标，抓住核心问题

整个课程都以几个问题为中心，在进行教学小结的时候，对这些问题进行全面回答、相互印证。例如，在《争论的故事》一课中，要注意“持不同意见”“争论不休”“两全其美”等词语。在讲授“争论不休”时，教师和学生进行一次角色扮演，很自然就将学生引入争论的情境中，从而顺理成章地完成对“争论不休”一词全义的掌握。然后，“争论不休”这个词出现在学生面前，学生很容易就学会了。在讲“两全其美”的时候，教师用一种与语境结合的方式，把“两全其美”引入课堂，让学生理解这个词语的含义。读课题质疑：“是谁和谁在争论，为什么争论，怎样争论，争论的结果是什么？”在这节课要结束的时候，要与板书相结合，将先前的问题——让学生回忆并作答，从而突出主题含义。

（2）通过多种途径进行巩固总结

针对不同的文体和教学内容，教师可以采用多种巩固总结方法，从而提高学生对知识的掌握程度。比如说，可以使用图表或者是口诀来对归纳进行强化，这种方法条理清楚，并且便于学生记忆和进行回顾。还可以通过创建情境来巩固总结。在小学语文学习的各个阶段，都可以运用情境创设进行巩固总结，也能结合实践进行巩固总结、表达情感、加深对课堂教学效果的影响。

（3）坚持“巩固”和“总结”相统一

在巩固中总结，在总结中巩固，是小学语文学习中要紧紧抓住的一个基本原则。简单的巩固不等同于简单的重复，简单的总结可能会导致突如其来的转变，因此，巩固和总结一定要密切地联系起来，这就是本书把巩固和总结放在一起，并当作一个整体来看待的原因。

（4）可与回顾整体结合

在一节新课上完之后，教师可以用总结的方式和学生共同对所学内容进行复习，这样可以强化学生的记忆，并对新知识进行巩固。在进行小结的时候，还可以使用板书，让学生总结有哪些知识点、哪些是重点和难点。这样能够提升学生的口语表达能力和概括归纳能力，并使相关的教学内容系统连贯、比较完整。学生能更好地理解相对完整的知识，从而更好地掌握本节课所学内容。

（5）在阅读中感悟，品味语言之美

本文以《槐乡五月》一课为例，教师设计了几处对语言文字的推敲，得出结论。比如，当读到“她们飘到哪里，哪里就会有一阵清香”这句话的时候，教师可以对学生提问，为什么这里不用“走”字，而用“飘”

字，然后再联系语境，让学生仔细体会，小姑娘走路时非常轻快，由此可见，她们的内心十分快活。叶圣陶曾经说过：“一字未宜忽，语语悟其神。”一个“飘”字，包含槐乡儿女的“乐”，真是妙不可言！所以，教师可以通过设置疑问来调动学生探究的积极性，让学生去感悟、去品味、去体会文章中字里行间的精妙之处，最后对整篇文章进行归纳。

（6）融合情感提升

在最后的小结中，教师可以要求学生带着自己的情感去阅读文章，并在阅读过程中体会文章中人物情感的波动。例如，小学三年级的课文《雪儿》，就是一篇文质兼美的文章。这篇文章通过“我”治疗受伤的“雪儿”，细心照顾，直至它能够翱翔于天空，表达“我”对鸟类的喜爱之情，表达“我”对自由生活的热爱与向往，以及人与自然之间的融洽关系。通过阅读，同学们体会到小作者因雪儿的快乐而快乐。雪儿是一只什么样的鸽子，“我”对雪儿是什么样的情感？引导学生抓住“不畏艰难”“跨越遥远的距离”“蓝天信使”等词语，让学生感受雪儿内心深处的美。教师根据自己的理解，指导学生进行情感性阅读。引导学生抓住“给它洗了澡”“敷了药”“和雪儿一起到阳台上去看蓝天，去看蓝天上飘飘悠悠的白云”等语句，体会“我”对雪儿的关心、爱护之意，尤其是“啊，我为雪儿欢呼！你看它那双翅膀被春风高高地托起，在蓝天中划出一道美丽的弧线”“我把雪儿轻轻捧起”等语句，让学生在声情并茂的阅读中，与作者的情感相呼应，从而实现人我合一的境界。简单来说，就是要让学生提出问题、与板书相结合、回归整体、以理解带动阅读、体味语言中的美好境界、把握好情感的主线、使主题更加深刻。

在学习过程中，既能熟练运用所学知识，又能拓宽自己的视野，在学习中运用，在实践中运用。这也是每个语文教师对于课堂效率的终极质疑与反思。

（7）在适当的时间巩固总结

巩固总结环节并不一定要在某个时间段，比如新课讲授之后或作业布置之前，要根据课程的进度来灵活安排。在新课教学中，在学习一些内容后，需要对它们进行及时的巩固或总结，而不是等到全部内容学完后，再进行巩固和总结。对于巩固总结究竟要出现几次，在何时进行，是单独进行，还是同时进行，这些都要由授课教师来决定。

（四）作业布置

1. 作业布置环节常见的问题

（1）强调知识的累积，而忽视能力的提高

在小学语文课堂上，教师会给学生安排一些作业，这些作业主要是为了对所学内容进行巩固。例如：重复、机械地抄写生字和词汇，用形近字、音近字组词与造句以及课文背诵等。大部分的任务都是记忆，而不是学习。这样的作业虽然具有较大的目的性，而且对于夯实语文基础知识也有一定帮助，但是这样做会忽视学生的个性发展，不利于他们的创新意识和能力的培养。

（2）形式比较单一，不够丰富

在小学语文作业中，课文中的生字新词、重点段落、课后练习作业以及作业本上的题目组成小学语文作业的主体。在此基础上，针对小学语文教学中存在的问题进行分析，并提出相应的解决方案。如果是形式单一、内容单调的作业，很可能会使学生感到无聊，甚至会对他们的语文学习热情造成很大打击。

（3）作业的一致性较高，但协作的独立性较低

为了方便批改与评阅，教师通常会给全班同学布置同样的作业，而

不会提供他们可以自主选择的作业。这样的作业往往是把许多学生的想法集中在一条路上，既不能扩展学生的思维，也不能提高学生的协作和探究能力。

2. 作业布置的要求

（1）强调质量，减少数量

对语文作业要进行归类分析，按功能划分。比如，将拼音本、田字本、大横格本三项作业合并为一项，这三项作业基本都是对字词句的认知训练，大部分重点放在大横格本上，字词每个两遍，需要背诵的课文抄一遍。许多人会问：这么点作业，学生怎么可能记住？事实上，学生是否记住，和他写过几次没有太大关联，有些人记忆力好或是记忆的方法好，在课堂上就能记下来。而且，在考试之前，还要让学生反复记忆，这样的话，就会造成一种重复浪费。与其强迫学生学会投机取巧，不如“化敌为友”，减少他们的家庭作业。

（2）布置更多的自主性作业

自主性作业是指将课外作业的指派权力交给学生。首先，教师给学生一个作业所要达到的学习目标，这就是学生自我布置作业的指导。其次，由学生按照教师提出的作业要求，自行设计作业内容、形式和完成方法。最后，针对文本内容的不同，找到一个最好的切入点，在允许学生自主命题的同时，注重调动他们的创造力，使“老面孔”的“任务”演变成丰富多彩的“任务”。例如，在教学《富饶的西沙群岛》一课时，教师展示一些四字成语和一种新的写作方法——总分段式。因此，教师可以布置这样的作业：自己设计作业题，检测自己对课文四字成语和总分段式写作方法的掌握程度，设计好的作业题要自己独立完成。针对这两个要求，学生各自进行个体化的作业设计。由于设计作业的难度较大，需要设计者熟练运用以上两方面知识，否则是无法顺利完成作业的。所以，也就可以在这种作业活动中，让学生的自主性和积极性得以充分展现，同时，由于有相同要求的制约，从而达到异曲同工之妙。

（3）工作的角度与范围要逼真

正如陶行知所言："一切生活都是课程。""社会即学校，生活即教育。"丰富多彩的生活就是语文的活水，生活越丰富，语文的天地也就越广阔，语文如果脱离生活，那就像一条鱼离开池塘，无法生存。如果只将语文作业限制在书籍范畴内，其所培养出的学生就不会有广阔的眼界，也不会有开阔的思维。

在课堂上，我们可以运用许多日常生活中的素材和资讯，来指导学生进行观察和思考，并对他们进行"大语文观"的培育。比如中国有很多传统节日，它们都具有丰富的历史意义，因此，充分发挥传统节日的优势，培养学生优秀的民族意识，也是一个学习过程。例如，在"母亲节"这一天，可以让学生把东西绑在肚子上，帮妈妈做一天家务，让学生体会妈妈怀孕时的艰辛，从而学会感恩，然后写作文；"元宵节"，可以让学生近距离观察南京夫子庙里熙熙攘攘的人群，购买他们喜爱的灯笼，跟着家长们一起动手制作，体会中国人对"团团圆圆"的追求；"学雷锋日"，开展志愿服务活动，让学生感受帮助他人的重要性；"春节"时，通过对"春节"两个字的解析，学生可以了解中国传统的风俗习惯，体会中国传统节日的文化意蕴等。这时候，家庭作业的影响就会深入学生的生活，深入他们所处的环境，如果教师给他们布置这种充满生活气息的家庭作业，他们就不会再感到无聊了。

那种"两耳不闻窗外事，一心只读圣贤书"的文人，早已不符合时代的要求。要指导并鼓励学生多读书、多看报、多关心国家大事，在平常开班会的时候，还可以让学生就一些热门话题进行探讨。例如：你觉得小学生应该如何正确地对待互联网；面对亚运会、奥运会，我们该怎么办；谈论我们周围的不文明行为；等等。在讨论完毕之后请每个学生都把自己的心得体会写下来。在这种融洽的学习研讨气氛中，不但可以提高学生的思辨能力、语言表达能力以及创造力，还可以使他们对社会有更多的了解、对自己有更多的了解，可以在不知不觉中使他们的心智得到很大发展。

实际上，怎样才能使课后作业起到应有的作用，这是很多教师一直困惑的问题。作业能否发挥其功能，除了刚好与课文内容相联系，还要看学生能否认真地完成教师布置的作业。很明显，学生在课堂上所做的作业要比在家中所做的作业有更好的效果。因为，在家中，学生大多是敷衍地去做，而在课堂中，他们通常能够更加认真地去做。在有足够时间的情况下，教师可以把更多的作业布置在课堂上，这样可以提升作业效率。

第五节　小学语文教学板书设计例谈

在小学语文教学中，板书起着不可替代的作用，它是语文教学中不可缺少的一部分。板书可以让小学生更好地获取语文知识，它是教师与学生之间进行沟通与交流的重要手段，可以更好地达到学习目标，因此，在小学语文教学中，板书不可忽略、不可轻视。

一、板书在现代小学语文课堂中所扮演的角色

从有板书以来，板书对课堂教学起着巨大的作用，是教师进行日常教学的重要手段，是教师和学生之间知识传授、信息反馈的桥梁。通过对板书的研究和探索，可以提高小学语文课堂的教学质量和教学效率。在新课程改革风起云涌的当下，板书的研究在小学教育中依然占据重要的地位。在小学低年级，板书对于小学生在数字书写，拼音字母的认识，生字、生词的书写，笔顺等方面发挥着非常关键的作用，它是不能被其他工具替代的。由于小学生的年纪较小，语文教科书的内容与语文课上板书的示范性作用密切相关，小学语文教师在课堂上要重视板书的设计和写作。总之，在我国的小学语文教学中，板书起着无可替代的作用。

二、对板书认识不到位的问题分析

尽管板书已被普遍运用于小学语文教学中，但目前仍有不少小学语文教师对其认识不足，有时，小学语文教师在课前没有对板书设计做好充分的准备，所以在课堂上，就会出现板书缭乱、天马行空的情况。而造成这种情况的主要原因，就是小学语文教师在板书设计理论上还不够扎实，他们对板书的认识还不够，没有意识到，好的板书可以推动学生对知识多个角度的认识，从而深化学生对知识的理解。此外，多媒体教学的引入对板书产生极大的影响，使得小学语文教师课堂必用多媒体课件，堂堂使用PPT课件，完全取代粉笔和黑板。我们不能说课堂用多媒体教学不行，但我们要承认传统板书教学有其不可取代的优势，要承认其在小学课堂上的教育教学价值和对学生的良好影响。

三、多媒体教学的引入对小学语文板书教学带来了强大的冲击

在当今社会，伴随着计算机技术的不断发展和互联网的广泛普及，计算机、音箱、投影仪和电子白板等设备逐渐走进中小学教室。而在现代教育技术中，多媒体技术具有自身不可替代的优越性。伴随时代的进步，多媒体教学逐渐变成当代小学教师需要具备的一种基础教学技能，它能够让课堂变得更加丰富多彩，充满声音和情感。在这一背景下，多媒体的出现给了板书教学一个强有力的冲击。然而，我们也不能彻底否定板书在小学语文课堂中的地位，我们要阻止那些以多媒体教学取代传统板书的做法，要正确处理好板书与多媒体的关系。在课堂上，我们不应否定常规的“板书”，更不应否定新兴的“多媒体”，二者应该互为补充。在教学方法

上，要注重方法的选择，在改革方法的同时也要对传统的“板书”做进一步的探讨。

四、现代小学语文课对板书教学的特别要求

在使用板书进行教学时，教师要对小学语文的学科特点有所关注，要将其纳入小学语文的阶段特点之中，因此，在小学课堂上使用板书这种教学手段，就必须要将其纳入小学的特殊性之中，对板书的设计和使用要与小学语文教学的特点相一致。除此之外，在我们的小学语文板书设计中，必须将小学生的年龄特点以及学生生活的时代背景纳入我们的视野中。因为如今的生活环境越来越好，社会也越来越发达，孩子的思维与以前相比已经发生很大的变化，他们更喜欢活动、更顽皮，同时他们的思维也更加敏捷。所以教师在进行板书设计时，必须要将学生的年龄特点以及学生生活的时代背景纳入其中。

五、现代小学语文教学课堂板书设计的基本原则

（一）小学语文教学板书要有目的性

小学语文课堂上，在教师对学生传授知识、解答疑问的时候，板书是一种非常重要的教学手段。在每节课的板书上，都应该将这节课的中心内容和重点知识展现出来。在小学语文教学中，板书的作用就是完成教学内容，达到教学目标。因此，在小学语文教学中，利用板书实施教学，是为了实现小学语文课的教学目标，是为教学服务的。在上课的时候，板书不能是教师在上面随便写、随便画，需要的时候写、不需要的时候擦、没有地方的时候挤着写。在我们书写板书的过程中，必须要有明确的目标，要写什么，写在什么地方，每个字，每一笔、每一画都要进行设计。在上课

之前，首先要将整个版面设计好。好的小学语文教学板书都是计划详尽、目的明确的，它以小学文本的中心思想为导向，在黑板上写得工整清楚，让学生可以一目了然地知道这篇课文的主要内容，能够更好地突出这篇课文的教学要点，让学生对这篇课文有一个清楚的总体认识，从而有效地推动这篇课文的教学，为小学语文课堂的教学提供帮助。

（二）小学语文教学板书要有科学性

小学语文教学板书的最根本要求是课堂板书要设计得有科学性，这也是它存在的基本条件。涂鸦凌乱，偶尔还有一处错误，这样的板书，不但无法指导学生掌握对语文文本的正确认识，为小学生学好语文起到一个很好的表率作用，还会导致小学生产生厌学情绪，无法专心，跟随错误的方向去学习错误的内容，以致产生非常严重的负面影响。因此，小学教师在进行板书设计时，必须要仔细、认真，对版面要合理地布置，要注重板书的科学性，努力使板书看上去既漂亮又工整，尤其要注重的是，在书写过程中，必须要做到小心谨慎，确保没有任何的错误和错别字。小学生处于模仿的时期，他们非常喜欢模仿教师的写作习惯，特别是在他们还处于识字学词的时期，因此，小学语文教师必须重视板书的科学性和正确性。

在小学语文教学中，板书具有许多不可替代的优点，因此，必须对其进行充分的学习和运用，使其为我们的语文教学服务。

第四章

小学语文课堂学生有效的学习活动

第一节　小学语文课堂学生有效学习的意义和价值

在小学阶段，经常会有人说："就这么一点儿东西，我已经教过很多次了，可是他们就是不会。"在新课改的号召下，我们也学习了新的教学理论和教学方法。在教学过程中，尽管教学方法不断革新，但收效甚微，究其原因，主要在于我国当前很多教学活动存在着"效率低下""无效"等问题。

课堂教学是实现教学目标、促进学生发展的主要途径，它是学生获得新知识，并培养学生自主学习能力的主阵地。因此，保证小学语文课堂教学的有效性非常关键。在这一背景下，笔者就怎样保证小学语文课的有效性提出自己的看法。

一、深研课程标准和教材，是确保小学语文有效课堂教学的前提

新课程改革既以提高学生素质为目标，又以提高教师素质为目标。离开教师，学生的成长将会成为无源之水、无本之木。

首先，要对新课标进行全面学习。课程标准是国家课程的基本纲领性文件，是教材编写、教学、评估和考试命题的基础，它反映国家对各个阶段学生在知识与技能、过程与方法、情感态度与价值观等方面的基本要求，对每一门课程的性质、目标、内容框架加以明确，并给出教学和评价的意见。但是，在现实生活中，一些教师对此没有深入研究，只是依靠课本和一本没有完全反映新课标要求的教辅材料来进行教学。这就导致教师在课堂上的授课效率低下、效果不佳，有的还导致一些同学失去学习兴趣、自信心，从而影响他们的智力、个性发展。教师只有花上一些时间，对课程标准进行研究，深入理解和掌握课程标准对学生学习目标和方向的要求，才可以更好地进行有效的课堂教学。

其次，要对课本进行全面学习。对课本的理解是实施高效课堂教学的先决条件，课本是实施课堂教学的基础，也是课程标准要求的集中反映，更是课堂教学的载体，教师教与学生学的依托，还是整个课堂教学活动的支撑。要想提升课堂教学效果，最基本的办法就是要对教材进行研究和理解，以对教材进行全面了解为前提，对现有的教材进行讲解，从而确立教学目标，确立教学重心，发掘培训内容，并选择与教材和学生现实一致的教学方式。如果教师没有将教材彻底吃透，没有对其编写意图进行充分理解，没有明确教学目标，没有明确重点，没有对其进行突破，没有有效解决学生的问题，甚至出现背道而驰的情况，这样就很难将文本作为依仗，来帮助学生提升自己的语文素养。

二、激发学生学习兴趣，是构建小学语文有效课堂教学的基石

没有什么是比兴趣更好的教师了。只要有兴趣，就能在课堂上充分发

挥自己的作用。因此，要从多个角度去调动和发掘影响学生学习兴趣的潜在因素。

（一）激情有趣的导入，能激发学生的求知欲

在教学中，教师可以通过巧妙的引导、简洁的语言来激起学生的好奇心，从而提高他们对新知识的兴趣。教师还可以以课程内容为依据，创建场景，来让学生更好地了解课文。在课程中，教师可以为学生提供与所学内容有直接联系的实物示范场景，以此来激发他们对所学内容的直观感受。教师可以使用谜语、小故事和游戏等方法来引入新课，这样不仅可以让学生获得更多的知识，拓展他们的思维，还会产生一种让教学变得更加生动活泼的氛围，从而让教学变得更加丰富多彩，让学生对新课产生更多的兴趣，拉近师生之间的心理距离，还可以与主题相联系，灵活地提出问题，创造悬念，激发学生的思维，激发他们探究和追求的热情，让学生很快进入一个好的学习环境。

在课堂上，如果教师能够关注到几个细节，细心地抓住每个同学身上的亮点，并适时地给予其称赞和激励——一个肯定的动作，一个会意的眼神，一个满意的笑容，一朵象征性的小红花，就可以将学生的积极性和主动性调动起来，从而让学生能够以强烈的好奇心投入后续的学习之中。

（二）开展丰富多彩的竞赛活动，激发学生的学习兴趣

考虑到学生的竞争意识，可以在班级中，举办各种各样的比赛。比如作文竞赛、演讲比赛、诗歌朗诵、成语接龙、优秀主持人等比赛，这样不仅可以开发孩子们的多元智能，还可以推动他们的个性发展，提高他们的学习兴趣。

要调动学生学习语文的兴趣，就必须面向全体学生，尊重学生，做学生信赖、喜欢的教师。

三、教师的有效指导，是提高小学语文有效课堂教学的保障

朱熹认为学习的方法在于循序渐进。同理，在小学语文课上，教师给学生布置预习作业，也要遵循小学生的认知规律，逐步进行。

（1）为了让学生更好地学习，教师可以让他们在课前进行预习。教师把预习方法告诉他们，给他们一些明确的指引，让他们可以更好地掌握预习的过程，等他们完全掌握预习的方法之后，他们就可以在课后完成新课的预习。

（2）在课堂上，教师不能匆忙地开始授课，而是要遵循“先学后教”的方针，让同学们先自学，当然，这个学习要有教师的引导。教师要对学生的自主学习进行观察、指导和支持，要用一种开放的心态，对学生的行为进行解读，要走进学生的自主学习当中，对他们的学习过程进行全面了解，对他们的思维进行剖析，并及时指出他们的错误，从而对他们的学习状况和进度进行实时掌握。对于那些有自己独特观点的学生，或者有创意想法的学生，要适时地予以鼓励和支持。

在此过程中，教师要掌握一个“度”，既不要太过干涉，也不要太过放手，要适时介入，要让学生有足够的自主性。在难度较大，无法解决的情况下，教师应逐个加以点拨、诱导，使其豁然开朗、灵感迸发。如果学生学习浅尝辄止，没有进行深度学习，或者在学习过程中表现出显著的缺陷，教师要给予提示和纠正，从而培养其良好的思维品质和学习习惯，以及敢于战胜困难的学习意志。

因此，要在教育学的指导下，实施“生本教育”。唯有通过自己的持续探索，从探索中去实践，并对其进行持续总结，持续改进，才能真正保证课堂教学的有效性，从而提升学生学习的效果。

第二节　小学语文课堂学生有效学习的原则

全新理念的小学语文有效学习属于新课程标准下的一个语文学习板块，它属于小学语文课程教学的一个重要组成部分，它的目标“表现为语文知识的运用、听说读写能力的整体发展、语文课程与其他课程的沟通、书本学习与实践活动的紧密结合”，与此同时，“致力于学生语文素养的形成与发展”，将语文课程与其他课程联系起来，与社会、生活实践相联系，为推动学生发展，为他们的终身学习、生活以及工作打下坚实的语文基础。其学习方式“着重强调合作精神，对学生策划、组织、协调和实施的能力加以重视，重视学生的自主性、重视学生主动积极的参与度、重视学生进行探究和研究的过程”。所以，在对小学语文有效学习进行组织的过程中，教师特别要把握好其教学原则。

一、目标的语文性

语文有效学习是属于语文学科的一种学习。这意味着，它与小学语文的识字、写字、阅读、习作以及口语交际等活动相同，都属于语文范围，不管采用哪一种教学模式，改变哪一种学习方法，都有一个共同的归属——“语文”。这就是“语文”的本质，也就是要让学生学会综合运用语文知识，让他们的听说读写能力得到全面发展，使其与其他课程相结合，与社会实践相联系，与生活相结合，从而提高他们的语文素养。在小学语文中，有效学习的综合意味着，这样的学习与在语文学习中的识字、写字、阅读、习作和口语交际不同，它采取的是一种综合的方式、一种整合的手段，将知识与技能、过程与方法、情感态度与价值观三个不同的目标维度融合在一起，将语文学习中的多个领域融合在一起，与其他学科相结合，将课堂内外进行衔接，扩大了学生语文学习的时间和空间，将学校、家庭、社会等学习资源充分利用起来，让学生的语文实践能力得到更多的提升，从而达到“学生语文素养的养成和发展”的目标，为学生的全面发展和终身学习奠定良好的基础。所以，在小学语文教学中，“有效”的教学目标是十分鲜明的。

二、内容的整合性

首先，语文学习的有效性是语文知识的综合性应用，也就是对已掌握的语文知识进行重新梳理和整合，从而形成一个全新的知识体系。在进行综合学习的过程中，学生不仅可以应用并强化所学知识，而且还可以在学习过程中，利用整合来推动语文素养的整体提升和协调发展。例如，在开展“对联拾趣”的讲解中，学生从搜集、探索、朗读、吟诵、比较欣赏到对联的创作过程，都是在自主学习、合作探究的基础上进行的，教师引导学生把自己以前学过的诗词、收集到的春联、搜索到的对联故事等融会贯通，并形成一套完整的对联知识体系，加深对中华文化源远流长的对联文化的了解，这样，学生的语感、思维能力都会得到很好的提升，还可以陶冶情操。

其次，语文学习的“有效性”是听、说、读、写等语文能力的整合。语言文字是人们进行交际和思考的重要工具，而听、说、读、写的技能又是每一个生活在现代社会中的人都必须具备的技能，因此，在语文教学过程中，对听、说、读、写的技能进行培养显得特别重要。由于语文有效学习具有开放而充满活力的学习特征，它更可以在将学生识字、写字、阅读、写作和口语交际等能力进行整合的过程中，发挥它特有的功能。

最后，各学科知识和学校、家庭和社会资源的综合利用。语文高效学习是语文与其他学科交流的一种方式，是将不同学科所掌握的知识进行有机结合的一种方式。与此同时，课堂内外相结合，让同学们走到家庭和社会中去，将学校、社会和家庭的教育资源进行整合。

三、知识的实践性

在语文的有效学习中，实践是首先要做的事情。不管是《语文课程标准》提出的总目标，还是小学三个学段的阶段目标，都凸显出语文有效学习的实践性，注重对语文教学内容的直观感受，旨在通过语文教学，达到提高语文教学质量的目的。教育学家罗杰斯曾经说：“知识是由学生自己去探索和发现的，它是活的，是有用的。”语文的有效学习指的就是要让学生在自己的生活和实践中，互相合作，一起探索，积极地在语文综合实践中，不断地充实自己的人文素养，提升自己的语文能力，并让他们在综合语文实践活动中，释放个性、展示个性和发展个性。在“找碴儿”这一语文综合实践活动中，笔者把同学分成几个小组，利用周末和空闲时间，到镇上各个街道，对各种广告、招牌、标语等进行查找，找出其中的“碴儿”（找出其中的错误词语，以及文理上的错误），并对其进行详细的记录和归纳，最后各小组分别到那些带有“碴儿”的商店，劝说其改正。如此，不仅可以综合培养锻炼学生的语文能力，让其在学习和实践中学习和运用语文知识，而且还能净化城镇的语言环境。

四、过程的全员参与性

语文教育属于母语教育，而语文课程又是一门以学生语文素养形成和发展为目标，为学生的全面、终身发展奠定基础的课程。语文有效学习是“培养学生主动探究、团结合作、勇于创新的重要途径”，而且“有助于学生在感兴趣的自主活动中全面提升语文素养”。这就需要语文的高效学习以全体为中心、以发展为中心，这个学习过程一定要确保每个学生都可以积极参加，要以全体学生的自主学习和亲身体验为主。在进行高效的语文教学的时候，教师要为每个学生都搭建一个独立的、可操作的平台，这样不仅可以使他们在积极的自主探究中对知识进行获取和重构，还可以通过协作的方式，对他们的知识与技能、过程与方法、情感态度与价值观进行全面发展，特别是发展他们的探究精神和创造力，从而使每个同学都可以在教学中得到某种程度的提升和发展。

语文有效学习的过程具有全民参与性，这就要求我们在对学生进行教学的时候，要对学生的个性特点加以充分重视，要针对学生智力、知识、能力、特长、兴趣、爱好、情感态度与价值观等各方面之间的不同、因材施教，对学生进行合理安排，对他们进行科学调配，让他们在活动中相互鼓励，一起探究，去汲取他人的优点，从而促进他们的全面发展。

五、评价的多元性

语文有效学习的核心和重点是在学生的学习过程之中，让学生从活动的创意设计、活动准备、方案实施到后期的交流总结等一系列活动中，将知识和能力进行融合，从而激发他们的探究创新潜力，并对观察感知能力、综合表达能力、交际合作能力、搜集处理信息能力进行培养，因此，对语文有效学习的评价应该是多元化的。

首先，评价者应该是多元的。对学生个体在整个学习活动过程中的表现进行评价的可以是教师，可以是参加活动的辅导员，可以是学生群体中的同伴，还可以是学生家长及校外相关人员，只要是相关的人，都可以对不同时空中的学生活动做出不同的评价。但是，身为教师，更要重视学生的自我评价、自我反思和总结，只有这样，学生才能更好地提升和巩固兴趣、整合知识、提升能力。

其次，要从多个角度和多个方面进行评价。“高效学习”注重的不是结果，而是“探究”的过程，它强调学生的自主意识，强调他们的积极参与度，因此，学生在学习中的合作态度、积极参与态度、在活动中的积极探究精神、对收集信息和材料进行整理、积极的思考、对语文知识和技能的应用、对学习成果的沟通和展现，这些都属于“高效学习”的评价内容。

最后，评价的标准应是千人千面、因人而异的，考核的方式要有形成性、要多样化。学生的个人情况各不相同，他们的知识储备、能力发展、兴趣爱好甚至是情感态度都各不相同。但是，有效学习是一项在学生感兴趣的自主活动中，可以对他们的语文素养进行全方位提升的学习。这就意味着，在对有效学习进行评价的过程中，不能使用同一把尺子，而是要注重他们的个性，要对他们的表现给予充分重视，要找到他们身上的优点，还要不断地对其进行激励，对他们的优点加以赞赏，要“保护学生的自主性和积极性，要鼓励学生采用各种方式，从不同的视角展开多元化的探究”。这样，学生的学习潜力才可以被充分挖掘出来，从而增强自信心，提升兴趣，让他们体会到有效学习的快乐。这样，学生的自主学习、大胆探究、团结协作精神就可以得到持续提升，他们的语文综合素质也可以得到提升。

简而言之，用全新的理念和全新的方式，在小学语文的有效教学中扩大语文教学的范围，其目的是要提升学生的语文素养，促进学生的全面发展。教学的主要内容是将语文知识，听说读写能力，各学科知识和社会、学校和家庭教育资源进行融合，使学生能够积极地、自主地参与到综合性学习中去。在学习过程中，学生可以综合应用语文知识，全面发展自己的语文能力，提高自己的收集处理信息能力、综合表达能力、创新思维能力和合作探究精神。

第三节　创设真实情境，激发学生有效学习的热情

在我们的日常生活中，存在着大量的语文学习资源，也存在着许多可以进行实践活动的机会。但是，我们的教师却没有注意到这些问题，也没有充分地运用它们，导致我们错过很多真正的语文学习环境与资源。教师要指导学生“风声雨声读书声声声入耳，家事国事天下事事事关心”，要提高学生在各种场合学语文、用语文的意识，使他们在日常生活和社会实践中学会使用语言文字。

一、什么是真实的学习情境

《语文课程标准》明确提出：“创设真实而富有意义的学习情境，凸显语文学习的实践性。”学习情境，是指能够有效激发学生情感，让语文知识能够形成充实的连接点和实际生长点，进而形成推动学生真正成长的相关情境氛围、环境条件和任务条件。如果按照《语文课程标准》的说法，那就是：“语文学习情境源于生活中语言文字运用的真实需求，服务于解决现实生活的真实问题。”

“春游去哪儿玩”是部编版语文三年级下册第一单元的口语交际主题，从“真需求”的视角出发，明显与学生的实际生活不符。如今的学生早已不“春游”了，而是进行“春季研学”，“研学”不仅仅是“玩”那么简单，更重要的是“边玩边学，学中玩，玩中学”。因此，教师应对这个口语交际主题做细微的调整，把主题从“春游去哪儿玩”转化为“春季研学去哪里好”，以达到情境创造“真需求”的目的。“春季研学去哪里好”，这是一个真问题，也是一个每年都会困扰校长的问题，很多学校都会为了这个问题而召开校务会议。

怎样才能把学校的真问题转为学生口语交际的真问题？学校应该放开手脚，听取学生的意见，让他们自己选择春季研学地点。教师可以利用这个口语交际平台，把这个现实工作分配到学生身上：“一、二年级学生还小，所以我们的春季研学活动由学校组织和安排。现在，同学们上三年级了，大家都长大了，考虑问题也更全面了，所以就能一起讨论决定去哪里。今天，咱们就举行一个‘春季研学去哪里好’推荐会，然后老师会做一个大数据分析，来确定要去的研学地点。”既然是一个真问题，那么，学生的建议也就会基于一个事实：这里有没有什么东西值得我们研究和学习？能装得下我们班所有人么？（研学是按年级计算的）一天能不能来回一趟？如何处理午餐问题？怎样设计研学路线？学生在表达自己的想法时，都会尽量将其“说清楚”，而教师也不需要刻意提醒，他们都想得到认可。在上课过程中，学生也会“耐心听”，他们会认真考虑，有没有什么好的建议。他们自然会格外盼望“真结果”，因为这是个“真问题”，最后还是要由校方兑现承诺，让同学“真如愿”，从而达到创造“真情境”的良性循环。而当“春季研学”开始的时候，虽然没有特别的交流课程，但学生的积极性还是很高。

可见，创建真正的学习情境有时也需要学校、教师真正把学生当成学校的“小主人”。学生不仅是课堂的主体，也是学校的主人。对于学生能够做的事情，教师都要尽量放手，而不能包办代替。

二、为什么要创设真实的学习情境

（一）新课程标准呼唤真实的学习情境

《语文课程标准》明确指出：“语文课程是一门学习国家通用语言文字运用的综合性、实践性课程。”语文学习是一种真实的学习情境，是一项真实的学习任务，没有语文教学，学生就不可能认得汉字，不可能与人交流，不可能学会读写，更不可能学会其他学科。由于语文是一门工具类课程，它是其他课程的基础。一个连语文知识都没有的人，怎么可能在这样的社会中生活？语文学习是一种实际需求。

（二）语文素养培养需要真实的学习情境

语文素养是什么？语文素养指的是一个人在语文教学中所掌握的语文知识和语文技能，是一种语文思维的方式和品质，是一种情感、态度和价值观的综合反映，经常以个人的语文体验和语文品质的方式呈现。语文素养的培养，既不是教师“教”出来的，也不是学生“背”出来的，更不是通过做很多练习“练”出来的，而是要教师带领学生深入现实、体验现实、解决现实问题、真正在课堂上站稳脚跟，即要对所学内容进行更多的优化，也即真正地将语文知识和语文技能学到所需的程度。要对学习方法进行更深层次的优化，就必须用“真”的情境来激励学生“真”的学习。教师要让学生在语文实践中，充分开展听、说、读、写、思考、创造的活动，让他们亲身体验语文教学的全过程，或者去感受、去对比、去思考、去感悟、去应用，让深度学习真正地进行。

（三）部编版小学语文的实施需要真实的学习情境

综观部编版语文教材，其编写意图很明显，即通过创设真实的学习情境，让语文学习真发生。首先，就是人文主题，课本上的每个主题似乎都不一样，但是经过分析和归类，它们的主题都是围绕着“我与自然”“我与社会”“我与他人”“我与生活”“我与世界”“我与未来”展开的，只要一个人能够在学习中，正确对待自己与自然、社会、他人、生活、世界、未来之间的关系，那么，他的生活就会像一条鱼一样充实和快乐。其次，再从语文要素来观察，尽管在教科书中一共有一百多个语文要素，但是它们都指向学生语文学习中的真实问题，它们与语文知识、语文能力、语文学习策略和语文学习习惯等有关。

无论从“人文性”主题框架的角度，还是从“语文要素”的设定角度，都可以看出，部编版小学语文的实施离不开真实的学习情境。

三、怎样创设真实的学习情境

（一）从文本出发创设真实的学习情境

只有在课文中才能创造出真正的学习情境。课文自身就是一种情境，它被称为“文本语境”。教师要对课文进行深入研究，在课文中寻找一个情境的切入点，然后以此为起点，设计出将阅读、思考、表达等语文学习融为一体的真正的学习情境。

1. 布置真实的学习任务

在部编版语文教材中，存在着大量的现实教学活动，在教学过程中，教师不应使现实教学活动“落空”。

比如，三年级下册第二单元的口语交际主题是“该不该实行班干部轮流制”。班委推选问题是一个很现实的问题，教师要在口语交际课程开始前调查一下班委的选举情况：从新生开始，班委是如何产生的？（教师指定、同学推荐、班级轮换）哪个学生曾经当过班长？当了多久？教师根据实际情况做相应的统计，并把结果告诉学生。它能激发学生在课堂上就主题展开深度的思考，进而产生自己的见解，并寻找支持论点的素材。与此同时，教师在进行此次口语交际教学的时候，要根据上述调查的实际情况，将其与本学期的班委选举活动进行有机的融合。教师可以灵活安排口语交际时间，比如可以在开学的第一周或者是第二周就开始进行口语交际活动，这是由于通常来说，推选班委的工作都是在开学的前两周之内进行的。在教学方法上，主要是引导学生展示自己的想法，阐明原因。在解释原因时，应从多个方面进行分析，尽量拓宽思维空间。比如，有的学生不同意班委的轮换，教师就会引导他们去思考：班委怎么选呢？这样做的好处和坏处是什么？（指导学生用二分法）若有的学生赞同班委轮换，教师可开动他们的脑筋：轮换的时间该怎么分配？实行一年一次的轮换制度，每月一次的轮换制度，还是一周一次的轮换制度？轮换覆盖范围如何？班委所有人轮换，还是几个人轮换？原因是什么？（指导学生对问题进行综合考虑）除此之外，教师还要提醒学生多留意倾听，要在倾听的同时进行思考，不管学生说的话有没有道理，都要学会对他们的意见表示尊重。

正因如此，这场口语交际才会有其价值与意义。由于要完成具有现实意义的交际任务，学生对口语交际的兴趣将达到前所未有的高度，从而形成一种“我的生活我说了算”的主人翁感。

2. 创设真实的学习情境

在课堂上，教师要尽可能地创设并还原出真实的学习情境，以此来调动学生参加学习的热情，进而在学习过程中，找到问题并将问题加以解决，最终达到对知识的应用和意义的建构。比如，在进行《我的心爱之物》（五年级下册）习作练习时，教师可以要求同学们把他们喜欢的东西带到教室，实在带不来的话，就拿一些照片或者图片，尽可能地还原真实的学习情境。

有些文本是不能创造出一个真实的情境的，教师可以通过图片、音乐、多媒体设备、教学语言等手段来创造出一个与现实情境最为贴近的情境，以此来活化学生的生活体验，将文本情境转变成学生的学习情境，让学生置身其中，从而激起他们内心深处的情感，刺激他们的自主认知和思维，让他们的语文知识能力得到进一步发展。

以《穷人》一课为例，“穷人”是一个切入点，可以创造出一个现实情境。在此基础上，教师可以设置一个情境线索：“穷人”是否真的贫穷？指导学生从环境描写和心理活动描写两个角度进行深入学习，体会环境描写的衬托作用，感受人物矛盾、纠结的两难心理。难道“穷人”就一定是贫穷的吗？怎么会觉得他们不是穷人呢？指导学生对角色的高尚品格进行深入研究：桑娜和渔民宁愿自己忍饥挨饿，也要领养两个邻家孤儿；西蒙在去世之前，对孩子们细致的照顾，将孩子们用旧头巾和衣服包裹起来，不去打扰隔壁的桑娜。

这其实就是文章“题眼”所产生的真正的情境。在这种情境下进行阅读和表达，学生总会产生很大的学习兴趣，思考也会很积极。从而使学生对课文的认识更加深刻，进而取得良好的学习效果。

3. 进行真实的学习评价

《语文课程标准》明确提出：“义务教育语文课程评价要有利于促进学生学习，改进教师教学，全面落实语文课程目标。课程评价应准确反映学生的语文学习水平和学习状况，注重考查学生的语言文字运用能力、思维过程、审美情趣和价值立场，关注学生学习过程和学习进步。”真实的学习评价可以让学生在心理上获得自信和成功体验，还可以在一定程度上增强他们的学习动力，进而使他们更积极主动地投入学习中。

真正的学习评价应该从目标开始。比如，当我们评价一个人是否真正阅读过一篇文章时，他应该明确地说出文章的优缺点：文章是否有适当的停顿、是否有适当的速度等。评价的言语要具有真实性，避免“言不由衷”。《语文课程标准》提倡对学生进行积极的、肯定的、鼓励的评价，但这并不代表否定和批评就不可以。评价语言的扭曲将使评价丧失其价值。最后，评价的语言还应当有指导性，使学生能够找到进一步学习的方向。

（二）从学情出发创设真实的学习情境

没有真正的学情，就不可能创造出真实的学习情境。真实的学情可以从三个角度来掌握，即学生的学习起点、身心发展特点、学习规律。

1. 把握学生的学习起点

通过对学生学习起点的准确掌握，可以有效地划定其“最近发展区”，进而掌握其潜在的发展区。教师要重视学生现有的语文知识体验和语文能力，这是一个学习的起点，同时也是一个知识和能力的生长点。陶行知对此曾做过一个简单明了的比喻：“接知如接枝。”新的知识只有嫁接到学生已有经验基础上，才能更好地生长。在掌握起点的前提下，进行的教学计划要具有一定的新奇感和挑战性。新奇感让学生有“跳一跳，摘桃子”的欲望，而挑战性则让学生能够“跳一跳，摘到桃子”。只有在这种情况下，学生的语文能力才能得到更好的发展。

2. 符合学生的身心发展特点

孩子们天性活跃、喜欢探索、喜欢发现。如果教师能够设计出引起学生学习兴趣、抓住学生注意力的学习活动，那么学生就会忘我地、全身心地沉浸在学习中，他们的学习意识、思维和情感就会变得非常积极，这样才能让学生的学习过程变得更加真实、更加顺利，才能取得事半功倍的学习效果。

3. 顺应学生的学习规律

学生的语文学习有自己的规律，那就是阅读、写作、积累和应用。所以，在进行教学设计的时候，教师要为学生创造充满情感和乐趣的朗读、背诵和积累的机会，要引导学生有滋有味地进行分析、对比、品味，要让学生有模有样地去说、去写、去运用。在教学过程中，教师要根据学生的认知特点，进行有意义的语文教学，以达到真正的语文教学目的。

总而言之，在新课标视野中，要想在小学语文中创造一个真实的情境，就要以文本为起点，给学生布置一个真实的学习任务，创造一个真实的学习情境，并对其进行真实的教学评价。在教学中，要立足于学情，抓住学生的学习起点，符合其自身的生理和心理发展特征，顺应其学习规律。唯有如此，学生方能全身心地沉浸于学习之中，主动地扩展自己的思维；唯有如此，学生才会流露出真实情感，他们的语文素养才会在不知不觉中得以提高。

第四节　锁定学习任务，明确学生有效学习的方向

在语文教学过程中，教学任务的设置是非常重要的。在设计学习任务时，要将其放在“最近发展区”，让学生一跃就能完成，并且要尽量表现出丰富、新颖的特点，要调动学生的积极性，让他们积极地参与其中。这种学习任务的设计，才有现实的意义，它可以激发出学生丰富的口语实践能力，从而促进学生语文核心素养的提高。

一、学习任务设计的问题审视

（一）学习任务不重“要素”，统编教材解读有偏离

语文要素在教师解读教材和进行课堂教学设计中具有举足轻重的作用。然而，在平时的教学中，有教师忽略语文要素，按照自己对教材的解读和主观愿望进行教学。举个例子，《什么比猎豹的速度更快》是一篇略读课文，在单元导语中，语文要素是“学习提高阅读速度的方法”，而在课文引语中，“借助关键词句，用较快的速度默读课文，记下所用的时间”，但在课堂上，教师会给学生布置“画出列数字、做比较等说明方

法，说说作用”的任务。这种基于体验而造成的教学偏差，致使语文学习任务落后于其“要素”的现象，迫切需要得到纠正。

（二）学习任务不重“价值”，学生主体地位遭忽视

关注语文要素的实施，从而提高语文能力，这就是语文课程的意义。有些教师对语文要素的实施给予重视，却忽略学情的动态变化，对语文要素和教学内容进行刻板的对待，最终造成不能充分体现教学价值的结果。比如，在三年级上册第四单元的预测单元教学中，有的教师在学生已经完全预习过课文的前提下，带领他们按照一定的步骤，进行预测策略的学习。在这个过程中，会出现各种假预测，从而忽略学生学习预测方法与策略和提升预测能力这一核心价值。在这种背景下，如何从学情出发，从课程的角度出发，为提高学生的语文素养而进行有效的教学，就成为一个迫切需要解决的问题。

（三）学习任务不重“设计”，课堂教学过程欠效益

虽然重视语文要素的作用，重视教学内容的作用，但是仅仅在教学中“原题植入”语文要素，没有进行系统性的设计，势必会降低教学效果。《猎人海力布》是五年级上册第三单元中的一篇课文，该单元的语文要素是“了解课文内容，创造性地复述故事”。有一位教师用“讲讲海力布说服村民搬家的情节”来让学生互相复述。因此，课堂呈现出故事内容单一的局面，同学们的讲述也变得枯燥无味。对学生的学习任务进行目标分析、任务分解、工具提供、成果评价等方面的设计，培养学生的情感、思维和语言，使他们的学习更有乐趣，是我们的目标。

二、学习任务设计的优化策略

（一）聚焦“要素”，靶向定位

将实施语文要素作为任务优化设计的根本起点，准确掌握教学的方

向，突出学习的关键，提高学生在课堂上的学习效率，才能充分发挥教材和课堂教学的价值。

1. 定向单篇语文要素，聚焦学习任务，优化设计方向

统编版语文教材中的语文要素主要表现为单元导语、课后习题和课文导语。以单元语文要素为基础，进行准确的教学任务设计。例如，五年上册第二单元的语文要素为“学习提高阅读速度的方法”。《搭石》《将相和》《什么比猎豹的速度更快》《冀中的地道战》四个文本，在引言部分有“不要回读”“连词成句”“借助关键词句”“带着问题”的指导思想，所以，围绕这四个文本，进行教学任务的最优设置是一个很好的发展趋势。以本单元语文要素为中心，以文本介绍为导向，聚焦每个文本的学习任务，以取得最好的教学效果。

2. 横向勾连单元要素，把握学习任务，优化设计重点

统编版语文教材一册通常是八个单元，将整个教科书中的语文要素联系在一起，更有助于学生掌握教学中的关键问题。比如，三年级上册第七单元，其中的语文要素是：“感受课文生动的语言，积累喜欢的语句；留心生活，把自己的想法记录下来。”而第一单元的语文要素“关注有新鲜感的词语和句子”就包含“生动的语言”，与课标第二单元的目标表述相结合，可以发现更上位的语文要素贯彻要求：“积累课文中的优美词语、精彩句段，以及在课外阅读和生活中获得的语文素材。”第三单元童话单元和第四单元策略单元，我们已经学会通过图片来梳理全文，在这两个单元里可以迁移运用。第六单元中的语文要素“借助关键语句理解一段话的意思”，仍将在本单元中继续进行。经过这些分析，我们可以对语文要素进行合理的、分步的、系统的实施，并对学习任务设计进行优化，会有更明确的主次把握。

3. 纵向梳理各册要素，精准学习任务，优化设计效度

统编版教科书中的语文要素是有梯度的，其以一种螺旋式的方式进行，在进行教学的时候，要将整个教科书中的语文要素进行纵向整理，这样可以更好地提高语文学习任务设计的有效性。比如，“掌握文章的主要内容”作为一种语文要素，三年级对学生的要求是“了解故事的基本内容”；四年级则要求学生“了解故事的起因、经过、结果，学习掌握文章的主体内容”“对重要人物和事件进行重点学习掌握，学习把握长文章的主要内容”；五年级则是“按照题目要求，对所学知识进行整理，掌握所学内容要点”；六年级要求学生在“交流平台”上对课文主体进行综合归纳，并对不同课文的写作方法进行说明、探讨。语文要素的等级性表达暗示着，学习任务的优化应该与学生的学习体验和学习发展目标有机结合，让学生真正地得到发展，从而达到“效度”的目的。

（二）锁定“价值”，内驱学力

将语文要素贯彻到现实中，充分利用教材及课堂教学的作用，学习任务的优化设计既要考虑学习任务的目的，也要注重学生学习的起点、心理、兴趣等，只有这样，才能促进学生进行有意义的学习。

1. 学习任务带实用价值，唤醒内驱力

当学生在学习中获得知识，并且能够感受到这些知识能够应用到实践中去，就可以激发他们的学习动力，从而体会学习的意义。教学任务的优化可以从如下角度进行。

（1）研究与学生生活密切相关的现实问题。在实际生活中运用语文知识，是语文教学的一个主要目标。比如，在上《大小多少》一课时，一名教师“领着”同学进入“农场”，认识动物和水果，并为农场主写门牌，这就是一种情境。这种生活实际需求，与学生的生活紧密相连，让学生真正感受到在学校学习到的语文知识是非常实用的。实践的重要性在于，学生的学习动机总是处于一种“醒着”的状态。

（2）在学习任务中，应注重学生困惑的问题，以满足学习需求。例如，在进行预测单元的教学时，在对文本十分了解的前提下，学生的疑惑和求知欲是从哪来的？我们可以直指“您与小读者预测的共同点在哪里”或者“您赞成小读者预测的哪个内容”。首先，将学生自己和小读者的“相同点”联系在一起，从而为“自我”、内容与预测方法、依据学习打开一条通路，进而达到高效学习的目的。其次，在此基础上，可以进一步提高预测单元的教学质量和激发学生的求知欲。

（3）为学生搭建一个共享和交流的平台，使学生的成绩更加耀眼。相对来说，激发学生的学习过程，通过复杂的学习探究、精心参与，到最终的学习成果，同样值得关注，展现更是学生的真实内心需求。想要取得好成绩，就必须要有一个搭建好的平台，只有这样，才能让学生有足够的“后劲”和动力。例如，可以将自己所学的知识，按照不同的班级，编辑成《班级仿生学》一书。这对于学生处理学习资料、培养语言表达能力、掌握科学知识、建立自信心具有重要作用。

2. 学习任务带挑战价值，激发内驱力

我们认为，如果只是单纯地将课后或家庭作业中的语言学习任务移植到课堂中去，就会使学生觉得任务过于轻松，或者任务过于死板和僵化，根本无法激发他们的积极性。因此，我们要对学习任务的挑战性进行优化，从而激发学生学习的内在动力，让学生在个人或群体的努力中感受学习的满足。

（1）守“正”出“新”。其中，“正”指的是研究课题的基本对象，而“新”指的是研究课题视角的改变。例如，在实施《普罗米修斯》的课外研究作业“故事中的哪一幕让你感动？跟你的朋友们聊聊”时。我们可以把课文分为两部分，然后给它设置一个挑战性的任务：赫菲斯托斯是如何对宙斯说出真相的？请你阅读原文，然后给宙斯写一份奏折；在解救普罗米修斯以前，赫拉克勒斯对诸神做了什么解释？你能为他起草一个“拯救宣言”吗？这种学习任务不仅达到讲故事的目的，而且符合学生的内在需要，还能激发他们的学习兴趣。

（2）要多样化。学习任务的单一设定，教学的直线取向，都是导致学生在学习中消极应对、丧失情感的一个因素。具身学习理论认为，人体的行为和头脑的思维密切相关。只有学生的各感觉器官“动起来”，才能充分调动学生的学习动机，从而使课堂上的讲授更加活跃、更加高效。有一位教师，在《如梦令》一词中采用多种形式的教学，通过“读”“说”“听”相结合的方式，让学生全身心地投入阅读、体验和思考中去，由“读词”走向“读人”。

3. 学习任务带合作价值，融合内驱力

新课程标准提倡“合作探究”的教学方法，在教学任务的设计中，应注重学生的个体差异，让他们能够依据自己的特征来选取课题，并且能够在教学中充分表现出自己的协作精神，从而共同实现教学目标。

例如，在《晏子使楚》一文的课堂上，如果要用小组合作的方式来进行戏剧演出，我们可以让那些有能力的学生来负责剧本的编写，让那些对服装设计有兴趣的学生来负责服饰准备，让那些会表演的学生来指导他们的队员进行排练，让那些会美术的学生来制作海报和广告，这些都是为了让每个学生都有事情可做，只有这样，学生才能有足够的自信来参加这种大规模的学习，从而培养一种强烈的合作精神，让他们享受到合作和展示的乐趣，进而在相互的借鉴中，实现多样化的发展。

（三）分解任务，构建“路径”

以语文要素为依据，单纯地将语文要素或课外问题“原题植入”阅读教学中，那么，其结果必然是无法令人满意的。对学习任务的设计进行优化，其核心是对学习任务展开分解和细化，以整体的方式建立一条完整的学习路径，让学生在完成学习任务的过程中，能够更好地对语文要素进行学习，从而提高他们的语文素养，最终形成语文能力。

学生是学习的主体。知识的积累、学习习惯的培养、学习方法的培养，这些都是非常关键的。所以，教师要做到的不仅是将书本上的知识和内容进行教授，而且要将他们的潜力发挥出来，指导他们进行自主学习，不断探索，从而使他们最终形成一种具有合作性、探究性和自主性的学习模式，使他们可以在具有差异的同时，仍然可以向着自己的目标迈进。通过学习任务单，将语文教科书中的各种文章进行归类，使学生可以更加有针对性地进行学习，从而打破单调乏味的教学方式，使学生加深理解和记忆，掌握所学知识，从而对语文课堂产生兴趣，提高其积极性，开辟出一条参与课堂构建的道路，提高他们的求知欲，从而使其自觉地去探究、积极地去解决在课堂上遇到的难题，进而提高他们的综合能力和素养。

三、小学语文学习任务单的设计

（一）学习任务单的概念

学习任务单指的是为了让学生达到独立的学习目标，教师为他们制定并设计的一种载体，它包含三个方面：学什么、为什么学、怎么学。学习任务单，是指教师给学生布置的具体任务。它目标明确，采用层层递进的方法，区别出不同水平的同学，实行因材施教，让大家一起提高，表现出层次性、差异性、目标指向性、反馈性等特征。

在当前的教学方式下，要从教学的实际情况出发，结合教材和学生的基础，理清思路，明确重难点和教学特征，并结合教学目的，由浅入深进行科学的设计，了解学生的差异，并结合课前、课中、课后的习题训练，使学生在减轻学习压力的同时获得更大的提高。

（二）学习任务单在小学语文教学过程中的作用

小学生的学习能力和认知能力有限，而且他们对课本的知识结构也缺乏足够的了解，所以，在进行学习任务单的设计时，要把学生的学习能力和知识结构相联系，组成一个从易到难的完整的系统的教学过程，让学生在阅读学习任务单的时候，可以产生自己的独立思维，了解将学知识的内容和重点，从而可以有条不紊地进行学习，提高学习效率。学习任务单可以为学生今后的学习奠定良好的基础，帮助他们拥有自主学习的能力，发掘教科书中的魅力；从学习目标开始，到有规划地进行，可以养成良好的学习习惯，为他们指明学习的方向，指导他们去发现学习的趣味性，进而去进行深度发掘，获得学习的成就感，从而提高他们的能力。

（三）学习任务单的设计

1. 根据学生个体学习情况进行设计

不同的学生对课本的认识和理解是不一样的。所以，在进行语文学习任务单设计时，应该了解学生的情况，分析他们对所学知识的掌握与期望值的差距，并掌握他们在面对学习任务单时的状态，是否可以自主学习、学习的能力、学习的程度等。在对学生状况进行充分认识之后，可以针对他们的实际情况做出相应的改变，让他们能够更好地适应发展需要，进而制定出更适合他们的学习任务单，让它更具延展性和层次性。在学生之间有很大差异的时候，可以让已取得理想成果的学生进行新的突破，增加其学习的难度，并融合一些课外内容，拓宽并培养他们的思维能力；对于与期望值有很大差距的学生，可以一步一步地向前推进，为其奠定坚实的基础，让其逐渐追上班级的步伐，并用耐心和鼓励去推动他们的发展。

2. 制定合理的学习任务单

按照课本内容，分步进行，让学生有节奏、有效率地学习，不仅可以让学生有一个明确的学习方向，找到学习的动力，还可以起到引导的作用，并让其有针对性。比如，在教学中，教师要对学生对所学知识的掌握程度有一个全面的了解，并能及时地找到学习任务单中的不足之处，并针对这些不足之处做出修正，不断地完善和优化其学习任务单中所涉及的内容。

在设计学习任务单时，要遵循一定的逻辑联系、循序渐进，使学生在巩固基础的同时，提高自己的能力，并逐渐完成自己的学习任务。教师要确定教学目标，并按照学生所学和所掌握的知识内容，逐步完成任务，从而达到总的学习目标。比如，在教四年级《扁鹊治病》这一课的时候，要让学生自己去阅读，让学生把不懂的生字词通过查阅的方式标注出来，然后再进行完整的阅读，体会扁鹊和蔡桓公谈话的艺术，以及这段谈话的情节发展方向等，最后再说明这篇文章要表达的思想，以及要我们理解的道理等。教师可以利用这些问题，在课前，让学生在有目标的情况下进行阅读，这样就可以更好地提高学生的学习效果，并对他们产生更深刻的影响。

四、小学语文学习任务单的设计需要注重的问题

新课程改革提出要把课堂交还给学生，让他们成为主要的教学对象，让他们在教师的指导下发挥作用。教师在设计学习任务单时，应该充分发

挥学生的主体作用，以其学习走向为中心，开展教学，突出重点、难点。

（一）教师以引导为主，切记不可越俎代庖

“学习任务”的产生，使一些教师产生“教师已被替代，教师作用不大”的错觉。尽管在教学中，教师的作用已经从最初的主导性变成指导性，但是，由于学习任务单的存在，教师的指导性功能得到加强。在小学时期，孩子们在自控力和学习能力方面仍存在一定的缺陷，所以，教师要以他们自身的实际情况为依据，注重他们扮演的角色，提高其在课堂上的注意力，并对他们的学习能力和学习情况进行评价，用合适的方法让他们认识到自己的不足，进而对其进行改进。举例来说，在部编版语文教材《司马光》这堂课中，教师可以设定下列学习任务来指导他们的学习。

（1）从姓氏特点出发，引出课文的主人翁，并揭示文章主题，要求学生正确地阅读文章，学习文言文的短句，并将文章中的“司”“登”等生字拼读出来，然后结合课文及注释对自己不能理解的部分进行标注，以便在后续学习中提出。

（2）通过初步阅读，用生动形象的图画形式，或用自己的方法对课文进行讲述。教师通过对重点字、词等的讲解，使学生明白它们的意思，并引导学生体会文章要表达的含义，了解司马光的智慧，并以司马光为榜样，让学生在遇到问题时要保持沉着冷静，做一个聪明而又冷静的人。

（3）展开延伸式的阅读，比较古文与现代文的差异，寻找不同，并加以剖析。可以让学生自己去思考，找到相似的作品，然后去学习、去扩展自己的思路。当然，如果可能的话，也可以让学生去模仿，但要注意角色的反差。根据学习任务单，引导学生确定目标、合理规划学习进度，从而提高学习效率，使学生喜爱和认可文言文的语言魅力——较强的概括能力、精简的语言、朗朗上口的节奏，从而提高教学质量。

（二）增加师生之间的互动，引导学生进行探索式学习、自主性学习

在小学教育中，学生不仅要有一定的基础，还要有一定的学习方法和较强的学习动力。在与教师的互动和与同学的沟通中，学生可以提高自己的合作能力和独立学习水平，这为他们将来的发展提供了坚实的基础，为他们的发展指明了方向。而在课堂教学过程中，将学习任务单引进课堂，让学生自己去尝试不同的学习方式，可以鼓励他们组建一个学习小组，互相帮助、互相讨论，让其可以在遇到问题的时候主动地进行沟通，并将自己的学习经验进行分享。例如，在教学《海滨小城》这一课的时候，可以制定一个任务单，然后通过教师提问，比如这个故事描述了海滨小城的哪些特色等，让学生通过阅读和小组讨论来进行交流，从而提高课堂上的互动程度。教师通过对学生学习情况的观察和分析，对其进行深度评价，并激励他们参加到讨论当中，从而调动他们的学习热情，提升他们的学习效率。

（三）调动学生学习的气氛，注重学生的差异性

在一个班级里，学生的学习水平存在着一定的差异，教师要根据他们的不同，制定出不同的任务单，并给予他们不同的引导和帮助。尤其是对基础较薄弱的学生，教师的关注和指导对他们来说都是一种鼓励，保护其自信心，对其长远发展是有利的。制定出一张作业单，可以使学生在作业中找到自己的缺点，并得到锻炼。在教师的指导下，学生可以更好地完成作业，找回自信，跟上其他人的步伐。

调动学生的学习氛围，是为了营造学生学习的环境，使他们对教材中的知识和拓展的知识感到好奇，从而提高他们的学习积极性，使他们的学习能力得到提高。在部编版二年级课文《雷雨》的学习中，首先，要求学生注意观察雷雨天气在日常生活中的变化，把雷雨前、雷雨中和雷雨后的

环境变化，与课本知识相联系，圈定对应部分。其次，分组讨论，找出文中哪些动词写得好，好在哪里。最后，让学生以文章内容为基础，模仿写作，以丰富课程内容，让学生在面对学习任务单的时候，不仅不会觉得无聊，还会有一种学习的动力和紧迫感，这样他们就可以仔细地阅读，并把任务单上的学习任务都完成。

在任务清单的设计中，有许多不同的表现方法。比如，表格、文字、图画等，与学生的特点、兴趣相结合，来展示学习任务单，从而提高学生的注意力，进而有效地完成任务单。

五、小学语文学习任务单的运用策略

（一）结合已学知识点拓展新的知识，打好学习的基础

在部编版课本中，选用《司马光》这篇文言文进行教学，在让学生理解作品所要传递的意义之后，教师可以设定一个扩展单元，让他们进行对比阅读。将文言文和现代文进行比较，使学生有一个更加直观和明确的认知，找出两者之间的相同点和差异处，从而指导学生了解文言文，并进一步了解该体裁的特征。与传统的灌输式教学相比，学习任务单可以让学生的记忆更加深刻，还可以激发他们的学习兴趣，为以后的学习打下坚实的基础。

（二）在设计过程中利用留白的方式让学生积极参与课堂

在课堂上，教材仅仅是指导学生进行知识迁移的一个工具，而更多的知识必须以教材为中心向外扩展。对学生来说，延伸的知识反过来会对他们的语文学习产生影响。所以，在进行学习任务单设计时，可以用留白的方法，让学生在补白中提高自己的学习能力，对教科书中没有提及的知识点进行补充，从而对所学内容有更深入的理解。常见的有：教科书上对作

家的介绍非常简单，学生必须通过网络、课外书籍等去搜集作家所处的环境、生活遭遇等来帮助理解；书籍中的词汇含义、典故等，要用多种途径去学习，这样才能对其有更深入的理解，减少语文的学习难度，而且在搜集的过程中还能找到一些有意思的东西，进而提高学生的学习兴趣。

在小学语文教学中，设计并应用学习任务单，不仅可以提高教师的教学水平和技能，提高课堂教学的质量和效率，还可以让学生在学习之前，对学习的方向、学习的目的有一个大概的认识。以学习任务单为切入点，由点及面，逐步扩大，培养学生的学习方法与能力、增强他们独立学习的热情，使他们对语文教学产生浓厚的兴趣，并始终保持乐观向上的心态，使其拥有明辨是非的判断力和很强的思维逻辑性，创造很好的教学气氛，使教学在融洽的环境中进行，这样才能取得更好的教学成果，为以后的学习打下坚实的基础。

第五节　构建学习路径，保障学生有效学习活动

一、小学语文深度学习路径构建

日本佐藤学博士经过数年的课堂观察与调查，认为学习的发生取决于三个因素：相互倾听的关系、创造性与挑战性的学习以及基于学科本质的学习。在教室里，同学们互相倾听、互相学习，一起向更高层次的问题发起挑战，以课程的实质为基础进行学习，只有这样，真正的学习才能发生。最近几年，笔者也在积极地进行着学习共同体课堂改革的本土化实践，从学习发生的三个因素出发，对此进行探讨，引领着学生一步步地进行深入学习，并逐步感受语文深度学习的魅力。

（一）养成倾听习惯，开展协同学习

以协作学习为基础的同伴之间的相互协作是提高学生语文能力最有效的途径。要想实现合作学习，最重要的就是要养成良好的倾听习惯，教师要成为倾听的榜样，只有善于倾听的教师才能培养出善于倾听的学生。在课堂上，教师的主要工作就是倾听，要擅长在倾听过程中，对学生所面临的问题以及他们的学习需求有一个清晰的认识，抓住他们所表达出来的微

小信息，找出他们不易察觉到的问题，对其进行中肯的评价，并提供恰当的协助。在倾听的过程中，教师或对学生表达的意思表示理解或赏识，或从学生的语言中，抽取出他们想要表达但没有说明白的情感和内容，或引领他们与课文进行一次又一次的对话，与其他同学进行对话。在教师的倾听中，能感受到教师对学生的尊重、认同和肯定，从而使学生更加积极地投入学习中。倾听还能实现教师的“得体退出”，为学生提供充分的自主性，为其深入学习提供保证。

另外，同学们相互倾听也很重要。在合作学习中，人们不再寻求“相互说”，而更多地寻求“相互学”。说话，仅仅是把自己所知道的东西说出来，只有听了，才能从其他人的话语中获得灵感，不断地产生新知识，补充新知识，才能让自己的理解达到更高水平。合作学习注重所有人的参加、弱势群体的优先地位、拥有随意说话的权利。每个班级的学生都必须依次发表意见，这一功能看上去是强制的，但是由于教师创造了一种温暖、润泽、安全的氛围，即使是弱势的学生也敢于表达自己的观点，并参与到课堂当中。只有在这种情况下，学生才能进行深度学习。

比如，在部编版教材六年级上册《桥》一课中，通过阅读原文，让同学们深切体会老百姓对老支书的“拥戴”之情。

师：老支书的儿子是否也忠于职守？在此基础上，教师首先将同学们分成四人一组，进行合作学习。几分钟之后，全班进行讨论。

生1：我觉得老支书的儿子一开始就打算混入人群，先行撤退，他是个共产党员，不够忠诚。

生2：本来我也是这么认为的，可是我们班的李同学告诉我，老支书的儿子跟他爸爸一块儿去安排撤离，在关键时刻让他爸爸先行一步，结果和老支书一同葬身在洪灾之中，可见他对自己的职责还是很忠诚的。他的理解合乎情理，使我感动，于是我改变了自己的立场。

师：你说得很对。所以，老支书儿子一开始就打算溜走，这是怎么回事？

生3：在这样一个生死存亡的关键时刻，他这么小，一定会害怕，因此，他一定会犹豫，一定会混入人群，企图逃跑，但是最后，他决定跟他的爸爸一起留下，我认为，这就是一种“先抑后扬”的写作手法。

生4：你的发言给了我很大的启示，使我想起《一面五星红旗》里的那位青年，当他面临是否用红旗去换取一块面包的时候，他也是犹豫不决的，因此，你这么说，不但没有显得不恰当，而且更加真实。

在这样一种有意义的、实质化的合作式教学活动中，学习者在倾听的过程中彼此依靠，实现了由“孤立学习”到“互惠学习”的转变。这种基于倾听关系的深层联结，带来一个让学生变得越来越会学习、越来越有学习兴趣的温暖、润泽的课堂，让深度学习成为现实。

（二）精选挑战性问题，设计高品质学习

高质量的教学设计可以帮助学生更好地进行深度学习。高质量的学习设计是对学生的认知提出挑战，让他们产生探究的欲望，并且愿意将自己的热情投入其中，主动去寻求答案，并主动解决问题。这种学习设计，是要由学生合作来实现的，学生在一个平等、温暖、安全的环境中，可以互相倾听，从而获得超越原来层次的学习效果，促使学生深度学习。在进行高质量的教学时，教师需要深入阅读课文，理解主题实质，并与学生预习相联系，了解学生的疑惑。以此为基础，将学生的原有知识基础、生活经验、学习困难与认知困境等因素相结合，寻找出其中最佳结合点，并将其巧妙地设计为具有挑战性的问题。在教学中，除了要重视课程本身的逻辑性外，更要重视学生的逻辑性。当存在学科逻辑与学生逻辑之间的冲突时，应当以学生的逻辑为准，而不是生搬硬套外在的标准，一切以学生为本。例如，在部编版五年级上学期第二单元中，需要对学生进行默读速度的培训，可以带着问题进行阅读，如果碰到不懂的词，可以直接跳过阅读。在三、四年级的时候，学生的阅读能力就已经达到了一定的水平，所以，我们不应该把阅读能力作为学习的重点。考虑全班学生的实际情况，参照初一的课标要求，将文本阅读方式调整为不回看、一口气读完，这样，在不影响完整性的情况下，学生很快就能学会。

由于每个人的特点和水平各不相同，想要设计一个适合每个人的高质量问题是非常困难的，这需要教师的智慧与实践经验的融合。教师可以与课后思考题相联系，通过对学生的不解之处和对教材的表达方式、理解盲点、文本冲突、阅读体验等角度的选择和深度挖掘，设计出一些富有挑战性的问题，但问题也不能太多。这样的问题按照到下课时仅有一半或者三分之一的学生能够完成的程度设定为好。当他们面对那些看起来懂，但实际上并不完全懂的问题时，他们才能体会到真正的专注学习。好的挑战性问题要具备一定的开放性，可以引起学生的认知碰撞，让学生感受到心智的挑战，从而产生进行自我探究的内在动力。举个例子，六年级的学生共读《名人传》中有关贝多芬的部分内容。在读书交流课中，教师提出一个具有挑战性的问题："你认为最能总结贝多芬一生的两个关键词是什么？为何？"让学生带着疑问再次阅读，从而形成自己的理解。

生1：贝多芬的一生是悲惨的，一贫如洗。

生2：他的感情生活也是那么让人心碎！贝多芬曾几度遭女子遗弃，终生不娶妻。

生3：贝多芬的家庭关系也是造成其悲惨命运的原因之一。在他很小的时候，父亲就酗酒打他，并将自己最心爱的东西都留给他的侄儿。可对方挥霍无度，以至于在贝多芬生病的时候，都忘记给他请医生，这才让他错过有效的治疗时间。

生4：他的作品没有被主流社会接受。

师：它们都是悲剧的一部分。除了这些，还有哪些词语可以总结？

（同学们再次阅读并交流）

生5：我认为这是一种“抗争”。他一生都与命运搏斗，从未向命运低头。

生6：他见拿破仑不遵守诺言，自立为王，一怒之下，把自己为他作的那首歌删掉了，勇敢地向贵族们发起挑战。

生7：这首《命运》正是他用自己的作品向世界宣告：他在与命运、与不公平、与痛苦做斗争。他还告诫人们要掌握自己的命运，勇敢地面对逆境，才能得到幸福，建立丰功伟绩。

高质量的教学设计，可以让学生反复地回到课文中，不断地与课文进行交流。在这样的疑问下，他们一遍又一遍地阅读，对课文的理解也就一遍又一遍地加深。优质的教学内容，可以让每位学生都沉浸其中：基础差的学生，在倾听中得到灵感和领悟；基础好的学生，通过与同学的对话，可以激发自己的思维，获得新的领悟。在这种互动式的课堂里，学生体验到富有挑战性的学习，思维得到延伸和飞跃，是真正的深度学习。

（三）紧抓语文学科本质，为深度学习托底

在语文核心素养体系中，“语言的构建与应用”是最基本和最核心的，其他素养都要依托于此。“语言的构建与应用”是语文学科的实质。了解了这一学科的实质，我们就可以了解在小学语文教学中进行深度学习的含义，就是要使学生在深层的语言构建和应用中，开发他们的思维能力，培养他们的美学素养，从而达到对文化的传承与理解。在深度学习的视野中进行语文教学，最重要的就是要激发学生的语文意识，让他们进入语言文字深处，去体会文学和文字的韵味，去培养他们的情感。这是提高学生语文意识的最好方法，也是提高语文能力的关键所在。所以，在课堂上，教师应该牢牢把握这一实质，将语文课程特有的价值挖掘出来，让学生在大量的口语练习中，不断地累积自己的语文知识，从而形成自己的口语体验，提升自己对语言文字的应用能力。语文深度学习要求教师可以对课文进行深入理解，再从一个字、一个词、一个句子，乃至一个标点符号开始，指导学生去品味语言的美、去体会文字的奥秘、去感悟表达的道理，进而逐渐构建自己的语言世界、提高自己对语言文字的敏感度。

有些教师在语文教学中，总是热衷于“非语文”“泛语文”的活动，美其名曰为体现“以生为本”，实际上却弱化了语文的功能。比如，一位教师在讲授《为中华之崛起而读书》一课时，就列举了很多中华不振的事例。在震撼人心的照片和教师的激情讲解下，学生热情高涨，从而对“中华不振”这句话有了深切的感触，与文章中的周恩来也有了共鸣。若说这是一节道法课的话，无论从教师的安排还是学员的表演来看，无疑是成功的。但是，这是一节语文课，语文不仅仅是人文的，它还具有工具性。这节课在注重文章内涵和情感的同时，也要注重文章的表现形式和结构安排等，比如文中的倒叙写法、反问手法等，要真正打好语文基础。语文作为一门基础学科，具有其特有的知识系统。无论时代怎样发展，无论语文教育怎样改革，“语文知识”始终是一个绕不开的话题。如果舍知识而言其他，无异于掏空了语文这个根基。这样下去，就会造成“气血不足”“营养不良”等症状。语文以“语”为姓氏，强调其语用属性。例如，在高年段的语文教学中，要注重文本的表述，要学会作家的措辞、构思等，使学生从“一篇”走向“多篇”，体会“文本不过是一个范本”。只有把握语文的实质，突出语文的语用作用，才能使深度学习得到保障。

另外，还需要在教学中加大学习方法的引导，使其真正学会如何学习。一名优秀的语文教师，不会直接教授学生学习方法，他们会利用文本，让学生在学习过程中体验、感受、再总结，然后利用这些方法来进行学习。通过不断的实践，培养学生的质疑、合作、反思、记忆和倾听等多种能力。在这种学习方法的帮助下，深度学习将会更加顺畅、有效。

二、小学语文小组合作学习路径构建

核心素养理念对教师在课堂教学中的教学任务与育人目标做出了规定，教师应该主动寻求引导学生进行主体参与、主动思考、自主学习与互助成长的有效途径，促进学生独立思考、合作探究和互助成长，逐渐提高他们的识读能力、理解能力、解决问题的能力和交流能力，真正把学生培育成为会思考、善学习、懂情感、有思想、高品位的高综合素质人才。

（一）小组合作学习的概念简述

小组合作学习是指两个或两个以上学生，为了达到共同目标而在行动上相互配合的过程，它也是班级授课制下的一种教学方式，即教师通过指导小组成员进行合作，提升个体的学习动力和能力，从而实现特定的教学任务，改变学生处于被动的状态，充分发挥他们的主观能动性，从而提高学生的学习效率。笔者认为，在课堂上，应该主动组织学生开展小组学习，让他们在小组合作学习中，更好地发挥主观能动性，并利用他们的集体智慧和团队力量，来提高他们的学习效果。

（二）开展小组合作学习活动的意义

1. 有助于提升学生的语文核心素养

在“小组合作学习”中，学生首先要进行“自主学习”和“独立思考”，然后才能在“小组合作学习”中提出自己的见解。从中我们可以发现，小组合作学习方式不但对学生的认知能力、思维能力、问题解决能力和表达能力有很大帮助，还对学生的合作意识、团队理念和良好的交流能力起到很大的帮助作用，进而对学生的语文核心素养产生很大影响。

2. 有助于提升学生的语文综合能力

通过小组合作学习，可以为同学们创造一个开放自由、多维互动、快乐互助的主体发展空间。小组合作学习不但可以提高同学们的资讯获得能力，使同学们积累丰富的文化知识，扩大他们的学习范围，还可以加强其独立自主意识，提高同学们的语言组织和表达能力，从而提高同学们的语文综合能力。

3. 有助于提升学生的语文学习效率

小学生已经拥有一定的自我意识、存在意识和尊严意识，而且他们的表达欲望也比较强烈，因此，小组合作的学习方式可以让教学更加符合他们的学习需求，为他们创造一个主体性、体验性、合作性和探究性的教学环境，以此来调动他们的学习积极性，从而提高学习效率。

4. 有助于凸显学生的课堂主体地位

小组合作学习可以改变过去教师“一言堂”和学生众说纷纭的状况，为学生搭建一个集设计化、主体性、合作性和探究性于一身的合作学习平台，帮助学生有效认知、友好交流、快乐成长，提高学生的自主学习能力、独立思考能力、合作探究能力和语言表达能力，从而使学生在课堂上的主体地位得到充分体现。

（三）小学语文课堂开展小组合作学习的路径

1. 立足支架教学开展小组合作学习

支架教学指的是教师在教学过程中，通过为学生讲述课文背景、文学常识、文化指向以及艺术特点等方面的知识，来引导学生进行课文识读、内容理解、文学感悟以及艺术鉴赏。这不但可以让学生更有效地理解重点知识与难点知识，还可以为他们的自主思考和深度探究提供一个明确的方向。综上所述，以支架式教学为基础，进行小组合作学习，可以帮助学生清除他们的认知障碍，为他们提供一个更为广阔、灵活、具有较低难度的主体认知平台，从而促进他们语文核心素养的发展。以《新奇的纳米技术》一课的支架教学为例，指出“纳米技术”是一种比较尖端的科学技术，代表着一个国家的科技水平与先进程度。教师可以使用多媒体设备，向学生展现我国的最新纳米技术，通过多媒体设备所具有的直观优势，让学生能够更直观地认识到处在微观世界中的纳米技术，从而拓宽学生对纳米技术的认识。同时，教师可以安排学生进行小组合作学习，由一名代表讲述自己所知道的有关纳米技术的科技常识，在这种思想的交流中，学生不但可以得到更多的灵感，也可以从同学身上得到更多关于纳米技术的信息。总而言之，利用纳米技术视频作为一个教学支架，来建立学生自主学习与合作探究的目标，并在小组合作学习活动中，让学生进行主动沟通，可以让学生拓宽视野、积累知识，从而提高学生的综合能力和语文核心素养。

2. 立足项目教学开展小组合作学习

项目教学指的是，教师以课程内容的特征为基础，为学生的小组合作学习设置一些具体可行、行之有效的活动项目，让学生把它们作为探究的方向和学习的目标，在整个小组合作学习过程中，学生可以自由发言、集思广益、一起讨论。研究结果表明：项目教学与小组合作学习在整体上表现出高度的一致性和协同性。教师可以利用项目教学，为学生的自主学习、合作探究提供必要的教学指导与明确的研究方向与探究任务，从而助力学生语文核心素养的发展。

比如，在《白鹭》一课的项目教学中，要给学生安排一些有针对性的探究任务，以此为基础，设计“三人一组”的小组合作学习。在这个过程中，项目内容就变成引导学生进行自主学习、合作探究以及友好互助的目标导引与探究内容，能够对学生的观察能力、想象能力、学习能力以及发展能力等进行有效培养。此外，小组合作学习活动还可以分为两种方式：一种方式是由各组一起来完成全部的探究任务，在头脑风暴中完成所有任务，并在班级交流中将这些一一展现出来，这种方式会占据课堂更多的时间。另一种是每组都有一项具体的探究任务，然后小组指定一个代表展示本组的探究结果，这种活动方式更能节省时间。教师可以按照课堂上的具体安排，自主选择一种能够让学生在认知能力、理解能力、问题解决能力、交流能力等方面得到更好发展的活动方式。

3. 立足翻转教学开展小组合作学习

在此基础上，本节提出一种新型的翻转教学模式。在翻转教学的后半段，其内容与小组合作学习大同小异，因此，在翻转教学中，小组合作学习可以作为一种后续的活动，帮助学生建立一种复合型的学习方式，帮助学生更好地认识事物，更好地发展自己。因此，可以认为，在课堂上，翻转教学可以与小组合作学习相结合，这对培养学生的核心素养起到积极作用。教师可以给学生布置少量课的预习任务，让他们有充足的时间来独立完成一定数量的学习任务，之后，再在正式教学中，让他们进行小组合作探究。

比如，在《草船借箭》这一课上，教师可以让学生自己去阅读，或者从《三国演义》中找出《草船借箭》的相关情节、直接观看《草船借箭》这部影片，这样我们就能更好地理解这一课的来龙去脉，从而为我们开展合作探究打下良好的基础。之后，教师再组织学生展开合作探究，鼓励他们在小组讨论中，对自己的课外预习成果进行交流，从而对有关知识进行全面整合。在合作探究中，学生可以在团队的帮助下，将自己的学习效果发挥到极致。总而言之，将翻转教学和小组合作学习相结合，可以有效地提高课堂教学的效率，提高学生的语文核心素养。

4. 立足电化教学开展小组合作学习

电化教学就是教师在教学过程中，利用多媒体设备的声、光、电三维表现元素，将课文的文学特点、艺术风格和美学意境进行最直观的展示，把抽象的、深奥的、复杂的课文内容，具体化成图片信息和音乐信息，从而可以有效降低学生对课文的理解难度。所以，教师可以利用电化教学给学生带来强大的视觉冲击、听觉刺激和心理暗示，让他们积累更多的语文知识，为其进行小组合作学习提供一个好的探究出发点和信息储备，进而促进学生语文核心素养的发展。

比如，在《观潮》一课的电化教学中，教师可以利用多媒体手段，将“钱塘江大潮”的壮观景象、震撼气场与强大声势展现给学生，让学生感受最强烈、最直观的视觉和听觉上的体验。这种情况下，当学生在进行小组活动时，他们就会自然而然地获得丰富的知识，就会对“钱塘江大潮”有一个整体认识。其间，教师可以把课文分成三个不同的主题，分别是“潮前”“潮来”“潮后”，这样才能与教材内容相匹配，进而让学生通过小组讨论，加深对教材内容的理解。因此，以电化教学为基础，组织学生进行小组合作学习，可以有效提高学生的观察能力、想象能力、理解能力和表达能力。

5. 立足扮演教学开展小组合作学习

扮演教学（角色扮演教学法）起源于陶行知的“小先生制”，即在授课过程中，由具有一定水平的学生充当“小先生”，临时替代教师，协助其他学生进行知识的学习和主题的探索，从而使许多“辅导教师”在同一时间为学生提供帮助，进而有效转变教师的生硬“灌输”。而通过将角色扮演法和小组合作学习相结合，可以更好地提高学生的语文核心素养。所以，在课堂上，教师可以把“角色扮演”法和“团队协作”法有机地融合在一起，让“小先生”对其他学生进行指导。比如，在《七律・长征》一课中，教师可以挑选四位“小先生”，组成四个不同的学习小组，由四名“小先生”观察记录本组的合作探究情况，并讨论“五岭”和“乌蒙”分别指什么山？为何“金沙江”是“暖”的？为何“大渡桥”是“寒”的？为何“岷山”能和“开颜”相配？通过这种方式，教师能够给学生提供更加明确的探究活动，从而指导“小先生”更好地带领其他学生一起探究、交流、整合和积累。因此，教师在课堂上采用角色扮演教学法与小组合作学习相结合的方式，有利于提高学生的语文素养和语文能力。

小组合作学习是一个让学生展现认知能力、思维能力、理解能力以及交流能力的平台，它也是一个让学生实现视野拓展、思想进步、能力训练的核心素养发展平台。所以，在语文教学中，小组合作学习被更多的教师采用。教师应该不断地去探索更行之有效的运用方法，从而更好地将小组合作学习的优点充分展现出来，对学生的自主学习能力、合作探究能力、问题解决能力等进行全面提升，进而真正推动学生语文核心素养的发展。

三、小学语文自主学习方法构建

（一）自主学习的重要性

1. 自主学习是语文新课改的基本要求

新课程改革提倡“把握语文教育的特点，积极倡导自主、合作、探究的学习方式”，从这一点可以看到，自主学习是语文学习的基本要求。语文只是一种沟通的工具，更是认识中华文明的主要方式，它不像其他自然学科那样，有固定的规律、公式，一学就会。语文并不是一成不变的，要想了解语文，就得让学生感受学习语文的乐趣。在语文教学中，“自主学习”是一种有效的学习方法。

2. 自主学习是人发展的必然需求

除语文的学习外，自主学习对一个人的成长与发展也有很大影响。在校期间，自主学习能够使学生获得更多的知识、获得更高的成绩，进入更好的大学。当学生走出校门步入社会时，自主学习还可以让他们在职场上如鱼得水、游刃有余。随着经济和技术的飞速发展，任何行业和产业都需要通过不断学习来避免被时代抛弃，而那些不愿意主动学习新知识、不愿意顺应时代潮流的人，最终也会被时代潮流吞没。

3. 自主学习是提升课堂效率的重要方式

在中国，大多数情况下，课堂中都是教师讲授，学生倾听，属于单向地被动学习、“他主学习”，而这样的教学模式，效果如何，与学生自身的素质、学习状况也有着直接的联系。如果学生在课堂中心不在焉、思维无法跟着教师，那就很容易一事无成。但是像美国这样的发达国家，他们的教学模式却是截然相反的，他们的上课方式是双向的，是主动与被动相结合的，在他们的教学中，你可以看到师生之间热烈的争论，也可以看到学生积极地发表意见。用这种方法培养出来的学生具有很强的自主学习能力，他们善于表达自己的意见和想法。在教学方法上，我们与发达国家相比，还存在着一定的差距。

（二）培养自主学习的方法

1. 提升小学生对语文的学习兴趣

有句话说得好，“兴趣是学习最好的教师”。当学生对语文产生浓厚的兴趣，让他们主动地进行语文学习并不困难。小学生正处于好奇心和求知欲最强烈的时期，他们对一切都有着强烈的好奇心，所以我们要抓住这个时期，给予他们适当的指导，逐步提高他们的学习兴趣。作为一个教师，要鼓励他们多阅读课外书，让他们了解自己想要学习的知识。比如说，有些学生喜欢童话，那就让他们多读一些《安徒生故事》之类的书籍；有些学生喜欢动物，那就让他们去阅读有关动物的书籍；有些学生喜欢高科技，那就读《十万个为什么》。而不是过于重视成绩，更多地将注意力放在课堂上所学东西上面。即使是在学生犯错的情况下，也应该给予他们鼓励，而不是批评。要知道，批评最容易让学生失去对语文的学习兴趣。当一个人对语文产生浓厚的兴趣，语文能力自然也就提高了。

2. 教给小学生学习语文的方法

要想让学生自主学习，并不是让他们去阅读自己喜欢的书籍、去寻找有趣的东西就可以了，而是要教会他们正确的方法。例如，在上课之前进行预习，然后在课后进行回顾，在阅读的时候遇到不懂的字和词语，要学会如何查找词典；碰到优美的句子和段落，要把它们写下来、记下来，把它们变成自己的东西；要知道如何去剖析一段文字的架构，找到关键句、过渡句、每个段落的中心思想等。让学生准备一个笔记本，这样他们就可以把一切有意义的事情都记下来。因此，在语文教学中，只有掌握正确的学习方法，才能最大限度地提高学习效率。

3. 充分利用数字化学习手段

伴随着科技的进步，生活中出现了很多高科技产品，如电脑、手机、平板等工具即非常流行，很多父母和教师都不愿让学生去接触这些产品，害怕他们沉迷其中，影响学习。但是，这种新的教学手段若能运用得当，将会大大提高学生的学习效率，促进学生的自学能力。在这些工具上，有彩色的图像界面、生动的卡通人物、精彩的过场动画，而且越来越多的开发者开发出许多将学习与娱乐相融合的应用程序，让学生在玩游戏的同时也能学到许多东西。这种全新的教学方式，突破了以往只能依靠课本来获取知识的限制，更能调动学生自主学习的积极性，可以说是让学生如虎添翼。

4. 教师和家长的有效配合

教师的作用与父母的作用一样，对学生的自主学习也有很大影响。作为父母，应该做出表率，让孩子在家里有一个好的学习环境，并养成良好的学习习惯。小学生模仿能力很强，所以父母在家应该多看一些报纸、多讨论一些问题、少看电视、少打游戏。这样，就会在不知不觉中加强孩子自主学习的能力。同时，教师也应该在课堂上与学生多交流，多了解学生的诉求，给予学生更多的鼓励。

5. 社会大环境的改变与支持

单纯地以学生学习成果为中心，以学生成绩来决定优劣的教学方式亟待改革。在这种应试教育下，学生除了死记硬背，就是拼命地想要提高自己的分数，根本就没有什么兴趣可言，这种情况下，想要培养学生的自主学习能力，是非常困难的。当一个人读书不仅仅是为了成绩，不仅仅是为了考上一所好的大学，他的自主性就会上升到一个新的高度。当然，这种转变不可能一朝一夕完成，还必须学习外国的先进做法，并在各个方面进行深入探讨和合作。同时，我们也可以看到，我国正逐步从应试教育向素质教育转型，教育改革进入了一个新的时期。

自主学习是一种对人的发展非常重要的能力，它的重要性在新课程改革的要求中、在课堂效率和人的发展中都可以看到。在自主学习方法上，由传统的兴趣教学转变为与高技术相融合的数字教学。教师与父母应运用多种途径与方法，提高学生的自主学习能力。

四、小学语文探究式学习方法构建

与其他阶段的教育相比，小学语文教学更注重培养学生养成好的学习习惯，为学生打下坚实的知识基础。小学生的自我控制能力和自主意识比较差，教师应在教学中引导和培养学生的自主意识。探究式学习教学方式属于一种创新性的教学方法，它可以提升学生的语文学习能力，在某种意义上也可以推动各个学科教师的互相学习，这将会在某种意义上推动我国教育事业的发展。

（一）探究式学习的含义

探究式学习是在新的教学理念引导下一种教学方法的改革，它是对知识进行主动探究和研究的过程，即在学习的过程中，在教师的引导下，学生从自然、社会以及日常生活中选定主题，对其展开调查，并在调查过程中，主动获取知识、发现问题、提出问题、解决问题。

“探究”的重点在于，在探究式学习中，学生不再是被动地接受知识的人，而要成为积极的探究者。它以高层次的思维为基础，以问题的解答为基础，以知识的建构为基础。探究式学习方法可更好地满足现代和未来社会的需求，它是语文教育发展与时代发展结合的产物。

（二）培养学生学习兴趣，增强学生探究式学习的能力

小学生在班级中的表现比较活跃，然而，他们在学习上还存在一定的盲目性，对事物的坚持程度不高。教师是学生发展过程中的主要指导人员，要想让学生的语文学习能力得到提升，就必须要让他们对语文产生浓厚的兴趣，一旦有了兴趣，他们就会爱上这种探究式的学习方法，这样他们的语文学习能力就会得到持续提升。

（1）教师可以在课堂上讲几个逸事趣闻，以调动学生学习的积极性。比如，寓言故事通过将小动物拟人化，更贴近学生的理解方式，让他们就好像是在倾听一个故事，这样他们就可以对这篇文章产生浓厚的兴趣，从而对加快课堂进度产生影响，让他们的探究式学习能力得到提升。

（2）教师亦可通过相关教材，协助学生提升对语文的兴趣。比如：教师在进行有关知识的教学时，可以将有关的课文视频进行播放，这更有助于吸引学生的注意力，提高他们的学习热情，让他们对所学内容有更多的了解，进而对开展探究式学习更加有利，并能够自主找到所学课文表达的思想。

（3）教师还可以组织一些合适的活动来活跃课堂气氛，让学生在一个比较放松的氛围中，更好地把注意力集中在课堂中，让其轻松学习，如此，学生就会对语文产生更浓厚的兴趣，从而更主动地去讨论与之有关的问题，进而提升自己的探究式学习能力。

（4）为了使学生进行探究式学习，教师可以采用趣味化联想和记忆的教学方法，一改过去那种“死记硬背”的教学方法，既能使学生在探究式学习中产生浓厚的兴趣，又能使他们主动去思考，这样就能持续增强他们的自主学习能力，对养成良好的学习习惯也是很有帮助的。

（三）指引学生学习方向，形成积极的探究式学习

教师是学生学习和发展的引导者，他们在推动学生的学习和发展方面发挥着非常关键的作用。在小学时期，学生在学习方面缺乏自主性和方向性，因此，要想在语文教学方面进行创新，就必须要对学生的语文学习情况进行全面掌握，教师要帮助学生制定一个明确的学习目标，并指导他们养成良好的学习习惯，从而让他们形成一种主动的探究式学习方法，让他们的表达和理解能力得到提高。

（1）要想让学生进行语文知识的探究式学习，就必须让学生对所学基础知识能够很好地掌握，只有这样，才能让学生彼此的交流变得更有价值。比如，在教学《找春天》时，教师要先让学生将所要学的词汇都掌握好，在掌握词汇的基础上，再让他们去进行文本阅读，在对文本有一个大致的了解后，才能更好地开展探究式学习。

（2）在课堂上教师是教的主体，而学生是课堂教学活动中学的主体，他们所学的语文知识主要有三个方面，即阅读、识字和写作，教师要合理地安排课堂教学内容，适当地增加阅读时间，培养学生的阅读能力，并以"怎样增强自己的阅读能力"为题，让学生进行探讨，指导他们提出自己的看法，以达到提升阅读能力的目的。

（3）指导学生进行探究式学习的另一个重要环节就是写作。小学生刚刚开始接触探究式学习，这方面的经验比较缺乏，所以教师要鼓励他们积极参与到探究式学习中。比如，教师可以将相对优秀的学生作文作为范本，对其进行展示，让学生更好地了解关于写作的有关知识，展开探究式学习，从而推动学生学习能力的持续提升。

（4）探究式学习自然离不开师生间的相互交流，这有助于教师更深入地了解学生在学习中存在的问题，从而培养学生主动探究的能力。通过对

问题进行主动的探究，还能让学生与教师之间的距离变得更近，从而让教师对学生的学习情况有更进一步的了解。通过探究式教学，也能让学生与教师进行更多的交流与合作，让学生能够将自己对问题的看法表达出来，从而提高课堂互动的效果。

伴随着我国社会的不断发展，教育事业的发展也在紧紧跟随着时代的步伐。小学是学生成长的最基础时期，它对学生将来的发展有着非常大的影响。小学时期，是一个学生思想形成的开始，也是良好习惯培养的关键时期。因此，在小学语文教学中，展开探究式学习，是一种在教学方法上的创新，它可以促进学生的交流与合作，同时还可以让他们的自主思考能力得到提升，进而让其语文学习能力得到持续提升，也可以创新教育方式，让我国的教育事业得到持续发展。

简而言之，语文探究式学习把重点放在学生的能力上，要求学生动手、动脑进行探究，在学习和社会生活中获得相关知识，并运用这些知识来解决问题。我们重视的是探究式学习对学生的改变，是他们从探究式学习中得到的真实体验和感受。在适当的时候，进行探究式学习，可以提高学生的学习积极性，提高他们对语文的探究兴趣、观察和分析能力以及研究水平，逐渐把他们培养成一个社会需要的研究型人才。

五、小学语文体验性学习方法构建

语文新课程标准着重指出：要尊重学生在学习中所拥有的独特体验，要让他们站在自己的立场上去感受、去理解、去猜测他们的思想倾向。所以，在新课标下，语文教师的第一项工作就是要让学生在语文学习中得到足够的体验，让他们在不断的影响中，去感悟语言、理解语言，去获得更多的体验，让他们产生心灵的震撼、思想的共鸣，从而指导他们对母语的全部内容、意义和价值的掌握，最终实现语文素养在他们心中的建构。

（一）小学语文体验性学习的意义

在语文体验性教学中，我们应该在对文本进行初步的认知之后，让学生找到文本中的疑点、可问点、提问点。问题的“发现”是通过观察、对比、合成而形成的思维活动，它反映学生的主观能动性和创造性，也是对思维进行实践和体验的活动。因此，教师独具匠心地进行将理解和表达、体验和内化、感悟和积累、课内外有机地融合在一起的语文教学活动，既能让学生了解文本的内涵，又让学生在“桥”上，掌握建筑的艺术。更为关键的是，要指导学生在生活中学语文、用语文，让他们在生活中体验语文的价值，并经历语文学习的情感体验和实践体验过程，从而养成学生关注生活、体验探究等良好的心理素质。

在教科书的灵活设计中，通过故事悬念，提高学生的阅读兴趣。故事化的文本安排，将学生带入他们熟悉的神话故事中，让他们感受有趣的、奇特的故事，从而提高他们的自主性。所以，将基于体验学习的阅读教学融入小学语文课堂中，对学生语文素养的形成和提升有着非常大的影响。

（二）小学语文体验性学习的方法

1. 运用语言创设语文情境

运用语言创设情境，是指教师用大量的趣味性和鲜活性语言来描述情境中的事物，让学生的情感生活丰富多彩，从而对身边的事物有一种特别的敏感性，是最简单、最方便、最经济的方法。比如，《黄山奇石》是小学语文二年级上册中的一篇精读课文，它用优美的语言、生动的形象、充满趣味的话语、搭配精美的图画，激起学生对自然的热爱，使学生在阅读中得到快乐，得到美的陶冶，这是一篇培养学生观察、朗读和想象能力，提高学生语文素养的优秀教材。由此，可以看出部编版语文的理念是“只要激发学生的自主阅读兴趣，就能增加他们的知识储备”，即将“要学生读”转变为“学生要读”。

2. 运用多媒体创设情境

多媒体具有整合文本、图像、动画、声音等多种媒介的特点，具有很强的表现力、吸引力和感染力，能通过形状、声音、光线、颜色等多种媒介，有效地激活学生的多种感官，诱发他们的情感活动，引起他们的关注和兴趣，可以让他们全身心地沉浸在课堂情境之中，从而产生一种体验性的情感。比如《小鹰学飞》一课讲的就是：一只小鹰跟着老鹰学习飞行，小鹰飞到一棵参天大树的上方，老鹰告诉他，这不算会飞；小鹰飞到了大山的上空，老鹰却说这还不算会飞。后来，小鹰飞到白云之下，老鹰让它往上看，白云上面还有几只鹰在飞翔！这是一个非常有意思的故事，孩子们也非常喜欢。在课堂上，我们可以用多媒体来展示小鹰学习飞行的三次经历，这样可以让孩子们对这个故事有更深刻的印象。

3. 诵读品味，把握基调，加深体验

学生在重复朗读的同时，通过对课件形象的感知和丰富的想象，对那些风景如画的景象的热爱之情，在这一过程中得到体现，从而使课堂教学富有生机。相反，如果仅仅依靠教师来完成任务，而不让学生去感受文本中的情感和周围的气氛，只从人物的动作、表情、动态等方面进行合理的分析，是远远不够的。更为关键的是，要让学生能够切身体验文本的情感。比如《梅兰芳学艺》，这篇课文虽然很短，但是每一句都是精髓，都蕴含着“勤学能补拙，苦练可通神”的真谛。在讲授过程中，教师可以向学生提出问题，比如：梅兰芳是什么人？他学习的是什么艺术？他是如何学习艺术的？接着，引导学生仔细阅读，在文章中找到答案，并反复阅读关于梅兰芳学习艺术的文段，感受梅兰芳练功的艰辛，从中得到启发和教育。如果有条件，还可以通过观看梅兰芳的部分剧目，使同学们感知京剧艺术的独特魅力。所以，重点在于“令学生吟诵，要使他们看作一种享受而不看作一种负担。一遍比一遍读来入调，一遍比一遍体会亲切，并不希望早一点能够背诵，而自然达到纯熟的境界”。只有通过阅读、朗读和背诵，积累丰富的语言素材，培养较强的语感，并在此基础上发展出一种行之有效的语言技能，才能达到学习语文的目的。

课堂有可能是最富有生气的场所，也有可能是最缺少生气的场所。学生处于一种被动状态，盲目地走入课堂，在课堂中，他们会麻木地等待教师讲解、等待教师提问、等待教师布置作业，教师会重复教学材料，或者是将课堂中的主要内容从教科书搬到黑板上，认为这样就可以让学生更好地理解教材，更好地应对考试。这种方法不利于学生的学习。本书认为，在教学中，学生的学习活动主要来自对生活的切身体验，即对现实事物的感知与体验。这样的体验，对教师和学生来说，都是一种莫大的乐趣。它既可以活化课堂生活，也可以激发一代人的活力，因此，采用体验式教学，是当代教育最主要的一种教学方法。

六、小学语文研究性学习方法构建

新课程改革的春风已吹绿了大江南北，新的教育理念已经深入人心。对于“课堂教学改革要关注学生的发展，关注学生能力的发展，关注学生探索未知能力的发展”等内容人们已是耳熟能详。但是，怎样才能培养学生的综合素质，采取哪些措施才能提高学生的综合素质，是需要思考的问题。因此，我们提倡在小学阶段进行研究性学习。它的目的就是要让学生在实践中，尽可能地去经历与科学工作者在进行科学研究时所经历的类似过程，在这个过程中，他们能够对相关的知识与技能有所了解，从而体验科学研究带来的快乐，同时还能学会科学研究的方法，从而对科学的思维和精神有所感悟。

（一）更新理念，改变学习方式

（1）“研究性学习”作为一种学习方式，本质上是一种宏观的方法，而非具体的、可操作的学习模式，在该方法之下，还可以构造出很多不同的、具体的学习模式。

（2）若将学习方式视为一种方法的架构，则过去的研究方式，其架构较为单一化，只有“接受式学习方式”一个维度，这样的一维架构，显然不利于个人终身学习能力的发展。一个人要想在这个错综复杂的世界里得到终身发展，不仅仅是通过对社会文化的认知来达成的。

（3）从学员的学习情况来看，学习方式的“转变”并不只是单纯的“替代”，它更多地体现在学员的学习过程中。这是由于无论是研究性学习还是接受式学习，都必须经由这种途径才能使学生得到更好的学习效果。

（二）让探究走进课堂，把自主还给学生

（1）努力改变学生的学习方式，改变他们被动的学习状态，将思考交还给学生，将探究引入课堂中去，并给予他们对自己所关心问题进行探究性学习的时间和空间。

（2）在教学中，使学生逐步形成与自然、与社会相融合及认识自我的意识，并形成对自身生活、对周边社会关注的观念，充分调动其对事物的好奇心与探究心。

（3）训练学生敏锐的观察力、强烈的求知欲及积极提问、敢于直面问题的能力。当然，最关键的并不是学生提问是否具有正确性、逻辑性，而是他们提出的问题是否具有独特的个性和创造力，让学生在亲身经历对问题进行研究的过程中，可以得到一种积极、美好的情感体验，从而培养学生初步的问题探究能力。

（4）提高学生的团队协作意识，逐渐发展学生与其他同学交流、分享经验的能力。

（5）使学生在其所从事的研究中，更好地认识其所处社会及自身的价值。

（三）全员参与、实践、反思、总结、积累

（1）确定实验课的教学内容及实验教师。建立一批业务精、能力强、肯钻研的中坚力量，形成一个研究团队。

（2）实践体验阶段。在实验教师的指导下，通过对本课题的研究，使本课题的实践达到预期效果。通过问题的联系，使学生不断地提出问题、分析问题、解决问题。

（3）交流研究体会。在每个学期末，在实验教师的教学工作中，教研员都会为一线教师搭建可以进行研讨的平台，并将其作为研究对象，进行集中学习、讨论和交流，尤其是对实验过程中出现的问题，以及对获得的成功经验进行总结，从而让所有实验教师都可以自由地发表自己的看法，相互学习、共同发展。

（4）展示该课程的教学成果。在每个学年的期末，各班教师都要展示自己的教学成果。

（四）成果的汇报

1. 教师角色的转变

（1）从“主导者”向“参与者”转变。

（2）从“预设者”向“合作者”转变。每个教学环节都是由教师和学

生一起进行的。

（3）从“权威者”向“引导者”转变。在课堂上，教师从单纯的“知识型”和“信息型”角色转变为“顾问”“参谋”“引导者”角色，实现“教学相长”“经验共享”。

2. 学习方法的研究

（1）赏析法：小学语文课本所选编的大多数都是著名的作品，在收录到文本中时也会有所删改，有些内容的删改对学生理解作品的思想意蕴是不利的。所以，在教学实践中，我们应该鼓励学生去读原文、去欣赏原文。

（2）比较法：对一篇作品中的词语、句子、段落、思想内容、表达方式等进行对比，在对比过程中，剔劣存优，突出不同之处，把握其本质。

（3）查找资料法：通过阅读相关文献，从网络上获取相关信息，提高学习效率。

（4）体验法：让学生在实践活动中认识和理解事物，身临其境，并在实践活动中使自己的各种感官和知识、情感、意志等心智完全融入其中，用自己的真实情感来体会。

（5）质疑解疑法：使学生能够积极地去寻找和提出问题，并敢于去思考和解决问题。

（6）突破法：指导学生立足于已有的知识和智力程度，针对文本的思想内涵和表现方式，对文本的重点、难点和聚集点进行深入阅读，从而达到对文本核心的高效解析和解答。

（7）调查访问法：将进行调查访问视为一种主要的教学内容，以调查访问的内容为主要的教学资源，来充实和丰富学生的社会实践活动。

当然，还有很多探究式的学习方式，在实践中，常常把各种方式相结合。我们在提倡“转变学习方式”时，不是要研究总结“研究性学习”的行为特点，而是要看这些学习行为和学习过程是单一的直线结构模式，还是多元的立体结构模式，对学生的发展有没有推动作用。无论采用何种学习方式，其基本目标都是为了提高学生的综合素质。

七、小学语文综合性学习方法构建

从历史来看，虽然小学语文教学有它的优点，那就是它的根基比较牢固，但是它过于注重知识的普及和技能的培养，而忽略语文本身的人文特性和综合特性，更不重视对孩子们良好个性的培养。因此，语文教学呈现出一种非常强烈的应试主义。面对传统的语文教学存在的缺陷，现代社会要求公民具备良好的人文素养和科学素质，具备创新精神、合作意识和开阔的视野，具备包括阅读与表达交流在内的多方面的基本能力、运用现代技术搜集和处理信息的能力。怎样才能在小学语文教学中，高效地开展综合性学习？《语文课程标准》指出要突出语文的实践性和综合性，把课堂内外联系起来，利用好学校、家庭、社会等多种教学资源，进行综合式教学，扩大语文知识的应用范围，提高学生应用语文知识的能力。

在语文学习中，教师应把“四突出”作为自己的教学理念，把“以人为中心，以人为本”的教学理念贯穿其中：强调“以人”的活动，激发人的主动参与度；强调综合运用语文知识，在教学中体现教师与学生之间的协作与创造精神；注重实践性和体验性，促进学生身心和谐发展；强调“校本课程就在身边”的活动过程与策略，以多样化的形式指导学生展示他们的学习过程和学习成果。其实施的具体办法如下。

（一）将口语交际、习作融于活动中，开展综合性学习

听、说、读、写能力的培养是语文教学的基本训练要求，综合性学习的过程就是听、说、读、写能力的整体发展过程。综合性学习将听、说、读、写结合起来，不仅为听、说、读、写四个方面创造出一个生动的问题情境，还为学生提供了一个有意义的主题，为学生在课外阅读中画出了具体的内容，并为他们指出正确的方向。在综合性学习活动中，教师可以通过设置一组小型的教学任务，将“听、说、读、写”有机地结合起来。例如，针对“我爱我家”这一主题的综合性学习，笔者就进行了以下的活动设计。

（1）“爸爸小时候的趣事。”扮演一个小新闻工作者，通过对父亲童年的经历进行访谈，找出父亲童年时期的一些见闻，并将其中一个趣闻记录下来。如果感兴趣的话，你可以写一篇作文，然后投送到校内广播电台或者某报刊编辑部。

（2）今天，你要扮演一个“小管家”的角色，感受爸爸妈妈为这个家所做出的努力，并写一则日记。

（3）“母亲的喋喋不休。”通过两个学生的角色扮演，来建立一个真实的生活情境。要不要试试？

（4）“电视机前的评论。”你的家人在电视机前都会说什么？让学生以三人为一组，表演一段小品。

（5）有没有兴趣体验一把主持人的感觉？你可以和你的父母开一个“家庭晚会”，你做主持人，从中感受家的温馨与幸福。

在这一系列的实践活动中，将学生搜集、处理信息的技能和口语交际以及写作方面的技能融合到综合性学习之中，重视对课程资源的开发、利用和优化，让学生走出教室、走出课本，到现实世界中去搜集信息、去处

理信息、去学习，从而更好地提高学生的综合素质。

（二）提倡课外专题性阅读，开展综合性学习

苏霍姆林斯基曾说过：“会不会阅读，决定着一个人的智力发展。”书是人类永不枯竭的灵魂之源，无论在古代还是在现代，任何一位伟大的学者都是通过读书来获得养分的。在进行综合学习的时候，我们能够打破课时的限制、打破教室空间的限制以及教科书的限制，设计出一系列适用于学生课外阅读的综合性学习活动，从而拓展他们的学习资源。以“我爱阅读”为主题的综合性活动，既要引导学生通过与学习、生活相联系的方式掌握一定的阅读、习作方法，又要使他们认识到阅读的重要性，激发他们的阅读热情。因此，笔者制定了如下教学思路。①选择一个特定主题来进行阅读。比如科普读物、文学名著、科学家的故事等，在一定的时期内设置一个专题，从而创造一个良好的阅读环境。②对所阅读的文章进行节选和评论，把不懂的问题列出来。③在沟通、探讨和阅读有关材料的过程中，进行主观判断和思考，并试着自己解决问题。以“读书方法”为主线，通过“课外自由阅读喜爱的书”，来培养学生对汉语言文字的阅读兴趣和热爱，并引导学生在课后书籍中，寻找自己感兴趣的书，并进行读书方法的汇报交流，让同学们在讨论中感悟自己感兴趣的东西。

开展一系列的课内外综合活动，强化课本的整合和课内外的联系，将读与悟、读与写、阅读与活动等内容融为一体。在学校，阅读是一种很好的学习方式。这也是落实《语文课程标准》中“要让学生多读书，读好书，好读书，读整本书”的要求。

（三）利用小组合作的形式，开展综合性学习

作为个人学习的一个重要补充，合作学习具有很多个人学习无法替代的作用。合作学习能够帮助学生积极地、深入地去解决问题，它能够增加学生的知识量，还能够为学生提供交流情感、展示个性的机会。在综合性学习方面，我们可以将学生组织成一个小组进行协作，这样就可以激发个体的创造力和群体的智慧，两者之间相互补充、相互调节。对于综合性学习，我们可以在给学生一个主题的基础上，再进行多个次主题的设置，提倡小组讨论和合作学习。就《只有一个地球》这篇文章来说，笔者给学生布置了一个综合性学习任务，这个任务主要分为四个部分：

（1）大地母亲之泪（收集数据，分组讨论）。

（2）我是地球小专家（斗智斗勇）。

（3）绿色家园种树计划（以小组为单位栽种一株树木，并将幼树生长情况记录下来）。

（4）致全体人员的一封书信（写作，大组汇报，交流）。

当学生以小组为单元，逐一完成以上各项任务的时候，他们将会在自己兴趣的牵引下，自行查找资料，在小组集合中安排观察的时间和方法，并进行竞技场的讨论，这样就可以提高学生发现问题、分析问题、解决问题的能力，还可以提高他们的沟通与协作能力。

（四）参与社会实践活动，开展综合性活动

语文是实践性很强的学科，学习资源与实践机会和生活紧密相关。美国著名的教育家杜威曾说过："教育即生活。"通过多种形式的语文实践活动，进行综合性语文教学，让学生主动地去学、去用，从而培养他们的语文实践能力。笔者在"综合性学习"中力求将语文的综合实践活动表现出来，将课堂内外联系起来，将学校、家庭和社区等社会教学资源充分利用起来，从而展开一系列扎实而又行之有效的综合性学习活动，扩大学生的学习空间，增加他们语文实践的机会。开展各类综合性学习活动，如演讲、制作手抄报、表演课本剧等。笔者也会带领学生到校园外去体验生活。节日期间，鼓励学生和父母一起出去玩。通过开展社会调研活动、撰写调研报告，进行一些综合性学习活动，从而帮助学生初步掌握一些现代社会所需求的语文实践能力。而在现实生活中，很多问题都要靠语文来解决。在综合性学习过程中，教师要将学生带到社会生活的自然课堂中，让他们利用自身的生活经验，对课文进行感悟，并将所学知识运用到日常生活中，从而使文本的交际功能和传播功能得到充分体现。例如，让学生写广播稿、倡议书、借条、招领启事、办手抄报等，还可以让学生为旅行社设计广告语和导游解说词。只有通过这种方式，才能使“生活”和“语文”密切相关，使“生活”和“语文”有机地结合，使学生“现在”的学习与“将来”的发展密切相关。在“节约用水，爱护我们的家园”活动中，要求学生通过一系列活动，比如撰写倡议书、设计公益广告词等，将语文学习和社会实践有机地结合起来，从而实现“语文生活化，生活语文化”的目的。可以说，生活的空间越大，语文的综合性学习空间就越大。

（五）充分运用网络技术，开展综合性学习

如今，我们已步入一个信息化社会，我们要在开展综合性学习的时候，主动地利用互联网技术和其他方法，来扩大综合性学习的时间和空间，提升综合性实践活动的开展程度。例如，在“我能为学校做点什么”的综合性学习过程中，可以让学生进行实地采访、网上采集，经加工、存储后成文，最后在网上传送，并在需要时展开现场交流。如“我的宠物”的综合性学习，可以让学生随意选择一只小动物，利用网络搜索相关信息，并在计算机上绘制出他们喜爱的小动物，旁边配上小短文，描述小动物的生活习性、生活环境等。

当今世界，全球一体化、信息化和国际化已成为世界各国共同关注的焦点。相应地，小学语文教学在价值观、培养目标、教学方法和课程结构等方面都出现了一系列的变革，而在这种变革的大环境中，语文综合性学习应运而生，它可以很好地培养学生的生存能力、实践能力、团结合作精神、勇于创新精神。因此，教师要在实际的语文教学中，发挥语文教育资源的作用、创建语文教学的情境、指导学生进行多姿多彩的语文综合性学习活动，让他们在一方更加宽广的天地中学语文、用语文，并在实践活动中提升自己的语文素养。

第五章

小学语文课堂教学评价

第一节　小学语文教学评价的含义

在我国，关于教学评价的理论和方法的探讨起步较晚，并于20世纪80年代达到一个新的高峰，所以，它还是一个新兴的、发展迅速的领域。

在基础教育从应试教育向素质教育转变，以及教学改革进一步深化的背景下，小学语文教师不仅要了解教学评价的基本原理，了解评价的内容、标准、手段和方法，科学地评价语文教学，还要根据小学生的心理特征和学习规律，探讨怎样才能对他们的学习做出一个客观、正确的评价。通过对教学进行的评价和分析，可以对教与学两方面取得的成就和存在问题进行了解，从而对教师的教学进行持续优化，对学生的学习进行改进，进而不断改革教学，提高教学质量。

教学评价是怎样的？我们认为，要想提高教学质量，就必然要给教学制定一些质量标准，而衡量教学质量的标准就是对教学质量的评价。也就是说，教学评价就是按照教学目标和教学原则，运用各种切实可行的评价技术，对教学过程及其预期的效果进行价值上的判断。在小学语文课程中，语文教学的主要形式是由语文教师的教学风格与学生的学习风格结合而形成的。因此，小学语文教学评价，就是在对学生的学习行为和教师的教学行为以及它们的影响进行价值上的评判。在小学语文课堂教学中，学生是重要因素，因为学生是主体，其最终目标就是促进学生自身的发展。在整个教学活动中，教师扮演着指导者的角色。过去对语文教学的评价，往往侧重于对教师“教”的评价，而忽略对学生“学”的评价，这样做非常偏颇。因此，在对小学语文教学进行评价时，既要注重教的评价，也要注重学的评价，要探索并构建切实可行的评价机制，使对学生的素质教育得到切实落实。

要正确理解教学评价的内涵，就需要明确教学评价所包括的两个主要方面。

一、教学过程状态评价

教学评价就是对教学活动的检查和评定，在教学实践中，每一项教学活动都会在各个环节中呈现出多种多样的状况。也就是说，活动总是处在一定状态下的活动，这种状态可能是好的，也可能是不好的，而不同的状态对教学结果的影响是不同的，所以教学评价必须包括对教学活动过程的评价。在教师有目的、有计划的引导下，语文教学让学生能够对文本中的思想内容有正确认识，并最终让他们对听力、阅读、写作等方面的相关知识有更好的理解，并在此基础上，逐渐学习如何去进行听力、阅读、写作，并培养听力、阅读、写作等方面的能力。同时，在语言文字的教学过程中，要加强对学生道德素质的培养，促进其智力的开发，培养其良好的学习习惯。促进学生情感、意志和行为的变化。所以，语文教学的过程本质上就是在认知的基础上进行的“知”“情”“意”的培养与发展。语文教学的过程是一个相对独立、相对完整的体系，它是一个多层次的过程。假如说，小学语文教学从一年级开始，一直到六年级结束，可以看作一个教学过程，那么每个年级，每册教科书，乃至每个单元、每篇课文的教学就是构成该教学过程的教学活动。假如将一篇文章的教学活动看作一个教学过程，则每一节课，乃至每一段落、每一知识点的教学活动，都构成这个教学过程。在小学语文课堂中，一般是指一段文本的整个教学过程，它属于较高级别的教学过程，其自身也是一个比较复杂的体系。

从系统论角度来看，所有的系统都是由相互关联的元素组成的。教学过程是由教学目标、教学手段（包括教学内容的选择、教学方法的运用、课堂教学的组织等）和教学结果三个最基本的因素组成。其中，教学目标是一种给定信息，教学结果是一种输出信息。因为通常情况下，教学手段不可能达到与教学目标完全吻合的效果，所以需要进行反馈，也就是要根据输出信息与给定信息的差异，对教学手段进行调节和控制，使教学结果和教学目标一致。因此，教学评价必须要对教学活动过程进行状态评价。强调教学过程的评价，即要注重强化教学活动过程的状态评价，这是当代教育教学评价的发展方向，也是解决当前教学评价问题的一种必然要求。

在现代教学中，注重对教学过程进行状态评价，这也是针对传统教育中只注重教学活动的最终结果，以结果定高低，以结果论优劣，从结果入手来思考问题，从结果入手来指导教学而言的。在传统的教育教学评价中，他们将期中与期末测试的分数增长率作为重点，而忽略在平日里，教师教的情况和学生学的情况。他们用最后考试分数的高低来掩饰教学过程中存在的很多现实情况和现象。这样不但不利于对具体教师的具体教学进行公平的评价，也不利于对具体学生的具体学习进行科学的评价。更重要的是，这种评价方式也对开展素质教育不利、对人的培养不利。

教学评价不仅要体现教学的最终效果，而且要从教学实际着手，确保教学过程在一个良好的状态中进行，从而实现对教学过程的最佳化，实现对教学效率的整体提升，对学生综合素质的全面提升。

教学评价要强化对教学过程的评价，从而提升教学质量，特别是要强化对教学活动全过程的评价。教学是一个包含诸多因素的复杂过程。例如：教师在教的过程中，有备课、预习、上课、课外辅导、作文评课、作业批改、课外阅读指导等；学生的语文学习主要包括预习、听课、复习、写作、作业、练习、课外阅读等。教师的每个教学步骤，学生的每个学习步骤，都是语文教学的一个重要方面，任何一个方面出了问题，都会对最后的教学质量产生很大影响。对于这种复杂的教学过程的评价，要从总体上着眼，要有重点。而作为教学过程中最为关键的一环，加强对其的检查与评价，将其作为一项重要工作，显得尤为重要。但是，这一点也不能因为忽略其他方面而显得突出。由于课堂教学虽能较为集中地反映出实际教学的大体情况，但却不能全面地反映出其他方面的具体情况，仅仅注重课堂教学的评价，并不能真正地对整体教学活动进行有效引导。

综上所述，唯有重视并强化对教学过程中的状态评价，并对教学活动中的每个特定步骤予以关注，对其进行全方位的检查和多角度的分析，并且要有重点地加以关注，确保教学活动能够平稳地展开，这样，就可以切实达到提升教学质量的目标，从而让教学评价的功能得到充分体现。

二、教学效果质量评价

课堂教学效果的检查和评定是课堂教学质量评价的重要组成部分。效果是由一些力量、做法或因素产生的结果。而教学效果，就是每个学生按照规定的课时、规定的学习内容，努力达到培养、教育和发展的最佳程度。所有的教学活动，最后都会产生某种效果，或好或差。评价教学效果与评价教育制度的规律性、可控性具有一致性，即评价教学的总体效果。部分要素所产生的最大效果，并不等于全部要素的最大效果。对局部因子的调控，必须受到全局效果的制约。在一个复杂的教学体系中，过分重视一些要素，很有可能会妨碍其他要素的发挥。比如，把教师的热情调动到极致，课堂上到处都是教师的身影，这就明显地减少了同学们的参与热情。可以说，各个要素之间的关系，只要调控与搭配得当，就能最大限度地提高整体效果，如果搭配不当，即便是将局部要素的影响完全强化，也常常会事倍功半，从而降低整体效果。为此，必须关注并强化课堂教学质量的评价。

要想评价一个学生的成绩，首先就要从这个学生的学习效率入手。目前，我国小学语文教学的有效性还有待提高，这一点大家都可以看到。学生花费大量的时间和精力，付出多年努力，但最后还是有很多人过不了关。显然，在语文教学改革方面，我们还有很多工作要进行。

所谓“效率”，就是在单位时间里所能完成的工作量，即输出与输入之比。减少投资，增加产出，提高效益；投入多，产出低，效率就低。学习的效率就是获得收益与学习时间的比例，如果学习的时间较短，获得的收益较大，那么效率就较高，相反，效率就较低。

语文学习效果的好坏，不能仅仅以教学成果来评价。语文成绩的好坏虽然也是评价学习效果的一个主要指标，但也仅仅是一个指标而已。对学习效率的高低进行评价，还应考虑学生的学习兴趣有没有被培养出来，有没有提升他们的学习能力，有没有养成良好的学习习惯，等等。假如学生的语文学习成绩很好，但是语文能力并不是很好，就是所谓“高分低能”；如果学习成绩很好，学习习惯却很差，学习效率就会受到很大影响。

学生的语文学习效率受到多个方面的影响，既有教师的原因，也有教材的原因，还有学生智力、能力、态度和习惯等多个方面的原因，这些都是十分复杂的。所以，在进行教学质量评估时，必须综合考量与之有关的各种要素。

以上是语文教学评价的两大方面。在教学评价中，应将二者有机地结合在一起。如果只注重对最后的教学效果进行评价，找出一个高低差异、孰优孰劣，其实这只是教学评价的一方面工作，并不能组成一个完整的教学评价，它不能被称为一种真正意义上的教学评价。如果仅仅注重对学生学习过程状态的评价，则会显得片面和不完整。二者互相促进，缺一不可，以确保和提升教学质量。

对语文教学进行评价，应从两个层面着手。一是在评价标准上要做到客观性、准确性；二是在评价方式上要做到科学性。一言以概之，要尽量克服主观臆测和主观经验。最近几年，为提高教学的科学性，教师们已经越来越多地使用计量与统计学的手段，使用标准化的考题，以定量的标准为主要内容，等等。然而，在当前的教学评价技术和水平下，并没有一个绝对正确的教学评价。评价仅仅是一种手段和方式，但所有的手段和方式都有其特定的目标，借助对教学的评价，对教学的过程进行优化，对教师的教和同学的学进行持续改进，从而提升教学的质量，当教学的评价实现了这一目标，发挥了这一功能，那么，它就是一种正确的、成功的评价。

在进行教学评价时，要有一种“一分为二”的观念，要求教学评价的结果完全准确，这是不切实际的。要以提高教学质量、完善教学过程、推动语文教学深化改革为目标，尽可能地减少主观因素，在评价标准和评价方式上，提高评价的科学化程度，让教学评价能够更好地体现现实，为语文教学质量的整体提升提供保障。

第二节　小学语文教学评价的功能

小学语文教学评价是根据不同的教师、不同的学生、不同的班级展开的，在评价过程和最终结果中，要体现出教师与教师之间、学生与学生之间能力和水平的不同。在进行教学评价的过程中，教师能够认识到自己教学工作中的优点，也能够找到自身存在的缺陷，并对其进行剖析、仔细总结，最终达到改进教学工作、提升教学质量的目的；学生对自己的学习成果以及所遇到的问题能够有所了解，并对自己的成功经验进行总结，对学习过程中出现的问题及时地发现和改正，从而对自己的学习方法持续地改进，提升学习效率。现代化的教育十分重视对小学教学的评估，其目的是用一种合理、科学的方式对教学进行评价，使教学的过程得到最大限度的优化，使教学体系能够自我调控并形成一个良好的循环，可以调动教师和学生的学习热情，使教学的整体水平得到提升，进而推动学校其他方面的工作。具体而言，小学语文教学评价的作用如下。

一、信息反馈功能

教师与学生之间的互动关系是相互影响、相互制约、相互促进。

在教学中，外部评价人员和师生对教学情况的反映，是学生和教师的输入，它被教师和学生的行为转换，并以师生反映形式的输出为结果，每次反映按照教学目标加以识别、鉴定和分类时，就发生了教学评价。这个过程可以是教师和学生单独完成，也可以是教师和学生共同完成。

教学评价的信息反馈功能有两方面的含义：一是为了引导教学，对教师的教学工作进行评价，它能够调节教师的教学工作，从而间接地提升学生的学习成绩。二是以自律为目标的自我评价，也就是教师和学生在自我评价中不断深化自己的认识，并在此基础上不断调节自己的前进速度。

（一）教学评价能及时了解学生的学习实际情况

利用教学评价，特别是形成性评价，能够对学生的学习情况进行实时反馈，从而对教学目标的合理性、教学内容的合理性、教学过程的合理性、教学方法的合理性等进行分析。

（二）评价学生语文学习的水平

教师对学生的评价多采用测验的形式。测验是评价学生学习成果的基础。从测验结果可以看出学生在语文教学中所处的地位、所掌握的语文基础、语文知识运用的程度以及与语文教学目的的差距。考试不仅可以对学生个人的学习能力和在团体中的地位进行评价，还可以通过考试结果来确定他们是要留级还是要升学等。它也可以用来评价学生的语文能力，还可以用来评价教师和行政人员的语文能力。

综上所述，利用教学评价所产生的反馈信息，能够帮助教师和学生明确教学目标、明确教学目标的实现程度、明确教学活动中所采用的方式和方法对实现教学目标的影响，从而为教学目标的实现提供数据，为教学目标的修正提供参考。

二、教育激励功能

科学、公正、合理的教学评价，能够激发教师的教学工作积极性，激发学生的内在动机，在教学中保持适度的紧张，能够让教师和学生将精力放在教学任务的关键环节。

（一）评价对学生的教育和激励

教师对学生的评价，尤其是语文考试的分数，常常会对学生的学习起到很大的推动作用。测验结果能反映出学生朝着教学目标的进展情况以及他们取得的成效。表现优秀的学生可以体会到成功后的喜悦，可以通过自己的成功经验来鼓励自己更加努力、更加勤奋地学习，从而取得更加优秀的成果；学习成绩较低的学生，也可以及时地发现自己的缺点和不足，并对自己在学习态度、方法、习惯等方面存在的问题进行检查，从而不断改进自己的学习。在教学过程中，要利用好评价制度，将结果及时地通报给学生，并对其进行有效教学，要做到对不同水平的学生进行不同的有效教学。考试成绩是激励的依据之一，但并不能作为激励的唯一依据。一些学校废除以分数来评价低年级学生成绩的制度，转而按照他们的目标，采取评语式的评价方式，这样可以更好地反映学生的心理特征，从而更好地激发其学习动力。

（二）评价对语文教师的激励作用

教学评价是一项非常重要的工作，它能检验教师自身素质、教学质量、教学水平。在进行评价的时候，教师也可以对自己在教学中的成功与失败进行分析，用教学目标来与自己的教学进行对比，让教学目标变得更有真实感、更有现实意义，进而可以持续改进教学，让教学与教学目标更加接近。

三、调节整合功能

教学评价的最终目的不仅在于“求真”，还在于改进教学。在评价中，在获取多种数据之后，一定要对这些数据展开仔细的分析，并对其做出适当的解释，进而对教师的教与学生的学、对每一个教学环节，发挥出调节整合作用。如果教学目标或内容不合适，就要进行修改；如果不能做到这一点，就要进行相应的调节；不合适的教学手段和方法，必须加以改进。如果能在课堂上找到一些问题，并加以改进，将会对课堂教学起到积极的促进作用。

四、鉴别指导功能

（一）对教师、学生的鉴别

在进行教学评价的过程中，我们能够充分认识到教师的教学质量与水平、优势与劣势、存在的矛盾与问题，从而为我们有针对性地开展教师的继续教育工作奠定基础。还可以利用教学评价来判断学生的学习能力和潜力、学业状况和发展水平，从而为开展更多的教学活动提供基础，并引导教师和学生向更高的层次发展。

（二）对教学研究的鉴别

目前，我国正在兴起一股对语文教学改革进行探究的风气，这是一件值得庆幸的事情。要想提高语文学习的有效性，唯一的办法就是变革。人们对新的教学思路、新的措施、新的方法等都在持续地探索着，而这种改革的效果究竟如何，只有经过科学的评价，对其进行量化和定性的分析，才能得出最准确的结论，并据此来引导教学研究工作的深入开展。

第三节　小学语文教学评价的内容

小学语文教学评价是一项十分精细的工作，既不能仅靠个人的经验、直观感受，也不能以泛泛而谈的方式进行。为了更好地进行教学评价，应按照评价目的来界定评价内容。小学语文教学评价的主要内容如下。

一、对教师教学态度的评价

作为一名优秀的语文教师，必须具备较强的敬业精神和责任心，这是做好语文教学的基本条件。教师应以“育人”为第一要务，以关爱学生为本，以关注发展为本；教师应对自己所教授的语文学科有浓厚的兴趣，认真备课、认真授课，并对学生进行有效指导；教师应该具有勤学苦练、敢于创新的精神。衡量一位教师的教学水平，首先应从他的教学理念和教学态度入手。

二、教师素质的评价

教师自身的素质是做好教学工作的前提和基础。一名优秀的语文教师应该有很高的思想和政治素养，有正确的世界观、人生观和价值观，有很强的责任感和使命感，还有丰富的专业知识及良好的文化素养。面向21世纪，时代在前进、教育在发展，对人才的需求也在不断提升。一名优秀的教师，必须拥有坚实而又深厚的专业知识和良好的职业素养，这样他就可以站在高位，从容地把自己的知识精髓传授给每一名学生。也只有拥有广博的文化科学知识，熟悉并掌握小学语文学科的发展趋势，才能担负起培养一代高质量跨世纪人才的责任。对语文教学进行评价，必须以评价教师的素质为核心。

三、教师教学基本功的评价

在对教师进行语文教学评价时，绝不能忽略教师的基本教学水平。从根本上讲，教师只有具备过硬的教学基本功，才能培养出语文基本功过硬的学生。一位称职的小学语文教师，应具备较强的听、说、读、写、驾驭教材和组织教学等方面的能力。例如，在教学中，教师要练好阅读基本功、写字基本功、板书基本功、语言基本功等。而这一切，都应该成为评价的一部分。

四、学生学习方法的评价

“会学习”是指学生完成学习任务的一种方法，其本质是“会”。当一个人掌握了一种学习方法，他就像有了一把开启知识宝藏的钥匙，从而不断地获取和更新知识。在教学过程中，教师除了传授知识、训练技能外，还应对学生的学习方法进行引导。在对语文教学进行评价的时候，要对学生的学习方法进行评价，对教师在学习方法上的引导进行评价，还要对学生的学习动机、兴趣、听课态度和课堂参与度进行评价。

五、教学程度的评价

教学程度是指小学语文教学目标的实现程度。教学程度的评价，要以《九年义务教育全日制小学语文教学大纲（试用）》（以下简称《大纲》）为标准，以《大纲》所规定的目标及要求为标准，从德、智、美三个层面入手。“教学程度”有三个方面的含义：一是语文知识传授的正确性，它不仅要有数量标准，而且要有质量标准；二是教师在课堂上对学生的思维、听、说、读、写等方面能力的影响；三是对学生进行思想政治教育、道德品质教育和美学教育的程度。

六、教学过程的评价

教学过程是学生在教师有目的、有计划的引导下，可以积极、主动地发展自己，从而让自己的发展水平逐渐达到教学目标的运动过程。教学过程中存在着许多相互交织、相互影响的因素。它们相互关联又相互约束，构成教学过程的对立统一。要使教学的作用得到最大限度的发挥，就需要注重各个因素的相互配合。要对教学过程的安排进行评价，判断其是否具有科学性、教学环节安排是否得当、教学重点是否突出、难点是否讲得明白、训练安排是否合理等。

七、教学方法的评价

在整个教学过程中，选择合适的教学方法是最重要的环节之一。教学方法是达到教学目的，完成具体教学任务的工具。《大纲》提出：“要废止注入式，采用启发式。”这既是一种教学方法，也是一种教育理念。所谓的启发式，指的是在进行语文教学的时候，教师要以学习语文过程的客观规律为基础，根据学生的实际情况，采用多种行之有效的方式和方法，将学生的学习积极性和主动性都调动起来，培养他们的思维能力，让他们能够生动、活泼、主动地进行学习。在对一种教学方法进行评价时，最关键的一点，在于对它的使用是否合理。对某些特定教学方法的选取和应用，不仅关系到教学的整体效果，同时也是一项重要的评价内容。在同一课程中，有些教师讲得通俗易懂、生动活泼，更容易让学生理解；有些教师讲授的内容含混不清，使学生难以领会。虽然造成这些差异的原因很多，但是课堂教学方法恰当与否是一个不容忽视的问题。

八、教学效果的评价

在众多评价中，教师对学生学习成效的评价是最为关键的一环。但是，我们也应该注意到，对学生进行有效评价的结果，并不能作为衡量一个教师是否称职的唯一标准。这是由于，在对知识的掌握和有关能力的发展中，除了受到教师教学水平的影响外，还受到先天遗传素质和后天生存环境与特定实践活动的影响。所以，必须要从多个角度、多个层面，对教师的教学状况展开系统的、全面的综合评价，这样，才有可能得到更加科学、合理的评价结果，从而实现教学评价的目的。

九、学生学习成绩的评价

考试成绩是学生通过考试对其学习情况的一种评价。在评价工作中，应重视下列问题。

第一，根据课程标准对考试成绩进行评价，准确地反映学生的真实学习能力与课程标准的差距；评分（包括等级，评语）是一种体现并记录学生学习成就的方式。

第二，教师要建立对学生分数进行公正评价的观念。在对成绩进行评价的时候，要做到公平公正、一视同仁，并且要从发展的角度来对学生进行评价，要采取激励的方式，增强他们的学习自信心，注重发挥他们的创造力。

第三，在评价成绩的时候，要考虑学生的智力水平、学习态度，对于学习努力但尚有困难的学生不要轻易给不及格的分数，所以，在评定成绩的时候，一定要注意，不能让他们受到心理上的打击，从而形成一个恶性循环。

第四，对学习成绩进行评价时，应选用相应的评价方法。现行的成绩评价方法有分数评价法、等级评价法和评语评价法。这些方法各有其优势，同时也存在一定的限制。采用何种评价方法，应根据具体情况来确定。

第五，在评价过程中，要增强评价的客观性。语文考试综合性强，题型复杂，在评价过程中极易产生偏颇，为了确保评价的准确性和客观性，应采用一些有效的手段和技术。

第四节　小学语文教学评价指标体系

对小学语文教学评价的对象和内容进行确定，是开展教学评价的一个重要步骤。用怎样的标准来对这些具体的对象和内容进行度量，则是教学评价最关键的问题。因为这个问题会直接影响评价结果，也会影响评价的有效程度。若评价指标体系不合理，就不能真实地体现出教学的真实状况。

评价指标通常可分为两种类型：一种是数量指标；另一种是质量指标。有些人说，量化就是精确，而精确就是科学，这种观点并不十分正确。就现阶段而言，定量分析和确定量化标准是一种必然发展趋势，但也要因人而异，将“定性”与“定量”相结合。

量化评价通常是在确定一个清晰而又具体的评价内容以后，按照该内容在整体评价目标中所占的位置，经过集体讨论和研究。首先，就该满分达成一致意见，就各个评价的具体内容进行评分；其次，对各个方面的评分进行细化；再次，对各个方面的质量等级差异进行细化，确定到底要达到怎样的质量才能得到几分；最后，以每个具体内容的得分为基础，对其进行分析，得出一个总分。在此要强调的是，评分仅仅是一个代表质量差异的符号，至于哪种情况应该给多少评分，则要经过所有评价人员的详细分析和研究才能确定。如果没有具体合理的质量等级差异的衡量标准，仅靠经验得出一个总体的综合评价分数，则缺乏说服力，无法充分发挥定量的优势。

在制定量化评价标准的指标和权重时，应该以评价的具体对象和内容为依据，从现实角度入手，讲究效度和信度，尽量使其能够真正体现教学的现状。

定性评价也是教学评价的一种评价方法。定性与定量相结合，能清楚地表达质量等级的差异。例如，课堂教学的质量等级可以分为优、良、中、差，也可以分为甲、乙、丙、丁，还可以分为理想的课、成功的课、基本成功的课、不成功的课等。对于采用何种分级方法来表达非主导性，其关键在于决定每个分级所采用的尺度。什么是好的，什么是中等的，什么是不好的？要有一个衡量的尺度，那就是一堂“怎样的课堂”。在对不同层级之间差异进行度量时，应做到公平、客观、全面和具体，不能以不科学的方式实现对教师教学的评价。要具有透明度，在确定评价标准时，应该与教师协商，并获得教师的认可，在进行评价之前，应该先将这些标准公开，让教师心中有底。

在定性评价中，并不需要提供质量上的等级差异，而是可以通过评语的方式来说明优缺点。

总而言之，在教学评价中，建立怎样的教学评价标准，以及如何制定具体的评价标准，都是最为重要的问题。在一定意义上，将会影响教学工作的方向，影响教学方法的选择和应用等，进而影响教学的质量。因此，要使评价标准更加合理、更加科学，就必须在教学实践中进行深入的研究和探索。

第五节　小学语文学习成绩评价

小学生语文学习成绩的评价，指的是对小学生的听、说、读、写能力以及与之有关的语文知识进行全面的、客观的、数量化的测定。这对于保障语文教学的正常开展，提升语文教学的质量，推动语文教学的全面发展，具有重大的现实意义。

目前，我国中小学语文教学质量评价的重要指标是各类考试成绩。

一、小学语文测试的种类

（一）按测试目的分类

1. 配置性测试

配置性测试又称为摸底测试。它是在一个新的学习阶段开始前进行的测试学生已有学习基础以及未来可能达到某种学习水平的考试。

2. 形成性测试

形成性测试是指对学习中的知识、技能、方法、习惯、态度等进行评价的测验。人们把教学视为一个改变学生的过程。教育工作者期待着每一个教育计划、每一项教学程序或者每一门课程，都会对学生产生一定的影响。形成性测试用来测定这个改变的范围。

3. 终结性测试

终结性测试又称为总结性测试。它用来衡量学生在一个学期（或一个学年）内所取得的成绩。

4. 诊断性测试

用来诊断学生的学业是否存在困难和问题的测验叫作诊断性测试。这样的“诊断”，不但可以判断出学生的学习是否有问题，而且还可以判断出他们是否具有各种优点，是否具有特殊的才能和天赋。

（二）按小学语文学习项目分类

1. 单项测试

这是一种试题项目单一性的测试，又可称作分立式测试。其中，拼音测试、字词测试、阅读测试、朗读测试、作文测试和口语测试等都属于单项测试。这种类型的考试侧重于对学生某个领域的知识与技能的考查。

2. 综合测试

它是一种综合考查学生语文能力的测试。它主要包含以下几个方面：基础知识（拼音、字、词、句等）、阅读（课内外阅读）以及写作等。该测试主要是为了对学生进行一个较为完整的评价，或者为学生的升学和升级提供一个较为准确和可信的依据。

（三）按答题形式分类

1. 口头测试

测试内容包括：口头表达、复述、阅读、背诵、演讲等。口头测试又叫口试。

2. 书面测试

书面测试又叫笔试，测试方式分为两种，一种是开卷，一种是闭卷。此项测试是以书面的方式来完成试题要求的。

（四）按参照标准分类

1. 常模参照测试

它通过将一个人的分数和一个团体的平均分数相对比，来判断这个人在这个团体中的学习等级。该测试主要是用来判断学生不同语文水平的优劣，同时也是用来进行竞赛选拔的基础。

2. 目标参照测试

它是一种将学生的学习情况与语文预设的教学目标进行对比的测试，是为了检验学生是否完成语文教学的目标。平常的测试，多属此类。另外，根据考题的种类，还可以划分为客观性测试与主观性测试。

二、小学语文测试卷的编制

（一）编制试卷的要求

1. 要明确测试的目的

语文测试的类型和方式是多种多样的。应该以差异化的考试目的为依据，也就是要对考试的内容进行清晰的界定，对试题类型进行选择，从而达到考试目的。

2. 测试的内容要有综合性

语文是一门具有综合性的学科，其测试也应该具有综合性。试题的编写要根据教学大纲、语文教材和学生的具体情况，对学生的学习进行综合考核。测试的主要目的是为了考查学生语文基础知识的掌握情况和听、说、读、写的能力水平；考查学生对语文词汇的理解与使用，以及语文学习的观察能力和思维能力。在考试中，要注重考题的覆盖面，并强调测试的侧重点。

3. 题量要适当，难度要适中

题目的数量不宜太多，也不宜太少，应以中上水平的学生作为参考，在其能够完成所有题目的同时，给其留出足够的检查时间为宜。考题的难度不宜太大，也不宜太低，应根据教学大纲的要求，结合学生的实际情况来设计。测试的难度也要根据不同的目的来确定，比如择优测试，它的难度就比较高，这样才能更好地区分学生的分数，而对于那些有针对性的测试，则难度相对小些，这样才能保持学生成绩的稳定性。

4. 试题的要求要明确，表达要清晰

每个试题的要求都要明确、简洁。题中的引导语，是为了让学生能够更好地理解题意和答题要求，它不能概念不清、模棱两可、重复烦琐，更不能产生歧义。如有需要，可以给学生提供答题的范例。

5. 命题要便于评分标准的制定和操作

在命题时，要注意每个题目的权重（打分）是否适当，在制定分数的时候，要做到准确、有说服力。对于客观题，如判断题和选择题，要注重其答案的唯一性。

（二）编制试卷的过程

1. 明确测试目的，确定试卷结构

在编写测试试题之前，首先要确定测试目的，明确测试什么知识，测试哪些能力。其次要对试卷结构进行确定，它究竟是一种选拔性测试，还是一种用来评价教学质量的测试，甚至是用来诊断学生学习问题的测试。因为不同的目的、不同的功能，不同的测试，题目的分量、难度、鉴别力，题目的内容和形式，都是不一样的。在此基础上，要对试题的结构、题量和权重进行合理的配置，并对试题的内容和格式、考试时长进行详细的规划。

2. 制定双向细目表

所谓的双向细目表，就是将要测验的知识内容、学习程度两个层面，以及它们各自所占比例列表说明。

3. 编制试题

按照客观性程度，语文测试题可以划分为客观题与非客观题两类。

（1）客观题。客观题的答案通常具有唯一性，作答的要求具有严格性。客观题的类型有判断题、选择题、配对题、填空题、简答题等。①判断题。这类考题主要考查学生对试题的正确与否进行判断。这类试题的编制原则：题目要选取容易混淆的知识点，答案要明确，要避免采用具有隐含意义的词汇作为题干，对、错的答案要随意排列。②选择题。此类试题需要学生从多个选项中选出一个或几个答案，并将其标记出来。题干的问题叙述一定要清楚，选项的数量也要明确。③配对题。这是多项选择题的复合形式。它把一系列题干列成一列，供选择的答案列在另一列，并用一条直线将题干和正确的答案连在一起。编制配对题的原则：题干数只能等于或少于可选答案个数；可选项的数量不能过多，要控制在10个选项之内；配对各栏应具有相同的属性，或为名词，或为动词，或为其他词。④填空题。就是按照考题给出的情境，把题目空缺的字、词、句或标点符号等内容填满。编制填空题的原则：所要填写的内容必须是较为重要和关键的部分；通常情况下，答案必须是唯一的；一道题中填空的数量不要过多。⑤简答题。也就是针对试题中的问题做出一个简短的回答。在编制简答题时，应做到：答案要尽量简短；在题干中，应对答题的范围和形式进行严格的限定；答案应该以能力为中心，而不仅仅是语文知识。

（2）非客观题。在语文测试中，非客观性试题主要包括古文翻译、比较复杂的问答题和作文题。在小学教育中，写作是一种比较常见的主观题命题形式。作文测试的命题方式有三种：一种是完全命题；一种是半命题；一种是由学生自行命题。半命题指的是在考题中已经确定了题目的一部分，然后由学生来完成另外一部分的题目，它受到师生的青睐，也给了学生自由选择题目的空间，使他们能够更容易地把自己所熟知的生活写出来。

三、小学语文学习成绩的评定

评定成绩是通过测试对学生的学习情况进行评价。用符号的形式来表示学业成绩。

（一）评定成绩的方法

1. 记分评定成绩的方法

语文记分评定成绩的方法有两种：一种是百分制；一种是五分制。百分制记分法具有等级多、便于区分学生差异的特点，但其评分的标准比较难以掌握，特别是在阅读分析、写作方面，难以得到完全准确的成绩。五分制记分法虽然便于实施，但是等级太少，很难准确反映出学生不同程度的差异。

2. 等第评定成绩的方法

它就像五分制记分法一样，将学生的成绩分为优、良、中、及格、不及格五个等第，这个评定方法的利弊与五分制记分法类似。

3. 评语评定成绩的方法

它是一种用评语代替评分的方式来评价学生学习成绩的方法。特别是在语文形成性测试中，它可以让学生了解到自己能力存在的不足之处，同时也不会被一个简单的分数来确定优劣，这样的方法对学生的学业成绩更有所帮助。但是，这样的评定方法也会给教师们带来很大的负担。

（二）提高评分的客观性

语文测试具有较强的综合性，题型复杂，使得考试成绩极易产生偏颇，为了确保成绩的正确性、客观性，应采用相应的方法和技术。

首先，在命题的同时要确定标准答案与评分细则。其次，在考试结束之后，再开始批改试卷，要把所有的试卷都先概览一遍，将学生的试卷按质量分成不同的组，再从每组中随机挑出几张试卷来试着批改，并对标准答案和评分标准进行调整。最后，为了使评分更准确，可以在批改时采取分题阅卷的办法，使评分标准更加趋于一致。

第六节　小学语文教学评价应注意的问题

一、教学评价应注意教师的期望值

教学评价的目的，不仅要得到一个结论，更要成为一种有效推进教师教学工作、保证和提升教师教学质量的工具。目标导向是指导教师工作的“指挥棒”，能使教师在课堂上更好地指导学生学习，更好地达到教学目标。但是，这个方法和这个“指挥棒”如果使用不当，就会适得其反。作为一名语文教师，他们在日常教学中付出艰辛的努力，希望自己的努力能够获得他人的认可。其实，每个教师都对自己的教学工作效果有一种“感觉”，即每个教师都对自己的教学有一个自我评价。在自我评价基础上，对他人评价产生一种期待。在对教师的教学评价中，这种期望值是一个值得重视的因素。比方说，一位校长去听一位教师的讲课，课讲下来，若按成绩计算，大致可分为三类。

第一，当教师的期望值为100时，评价也为100，也就是期望值与评价相等，这种情况属于一般性的评价，或者称为“无效评价”，这样教师就会对评价抱有一种漠不关心的心态。

第二，若期望值为100，而评价在90以下，也就是期望值比评价高，属于消极性的评价，教师会表现出不满，或是对评价不满意。而且评价过低，会让人产生更多的厌恶和失望。

第三，若期望值为100，评价为110，比期望值稍高，也就是期望值低于评价，则属于积极的评价，更容易让教师感到满意。但是，若评价过高，会使评价结果与实际不符，从而影响评价结果的有效性。通过对学生进行适当的评价，能够更好地激发学生的学习热情。

所以，怎样才能更好地使用这种手段？一是让评价者通过对教师的表现进行评价，预测教师的期望值，从而做出适当的评价；二是教学评价的标准较为清晰，这样，教师的期望值与评价者的评价就可以在一个标准上进行，从而可以防止由于标准不同而造成的期望值与评价之间的落差。

二、教学评价要与教学指导相结合

开展教学评价，不能为了评价而评价。评价的目的在于对所取得成就进行及时的肯定，找出问题，纠正错误。所以，要把评价与指导有机地结合在一起。

在利用教学评价开展教学工作的时候，学校领导应该有一个总体方针，那就是要从保证和提升教学的质量开始，用评价来更好地调动教师和学生的责任心和积极性，让教学过程更加完善。所以，最好不要根据教学评价的结果进行简单的表扬、批评或肯定、否定。每个教师都各有各的特点，有年长的，有年轻的，有教学经验丰富的，有刚参加工作不久的，不管哪一种，都不能机械地比较。在教学过程中，出现问题的原因多种多样，比如能力问题、经验问题、方法问题，还有一些是因为个人生活或家庭等其他原因。所以，要根据不同的情况，采取不同的方式，以关心、帮助、共同探讨的方式，对教师的辛苦工作给予充分的尊重和认可，帮助教师分析问题、找出原因，并提出改进的对策。教师也要在教学评价中，对自己的经验进行认真总结，并主动征求学校领导的意见，以获得学校领导和同事的及时指导。

此外，教学评价与指导不仅要考虑教师的教，还要考虑学生的学。对学生的学习进行评价和指导是任课教师的工作，学生在学习过程中出现的问题，有可能是由于学习兴趣、意志力、记笔记的能力等多种因素引起的，并不一定都是智力问题。在教学过程中，教师要进行细致的剖析，切合实际地指出存在的问题，并在此基础上为改进学生的学习状态提供指导意见。

教师在课堂上遇到的问题很多，教师对学生进行评价，既要对学生的学习成果加以认可，又要对学生进行有效的指导，同时还要对学生的学习问题进行纠正。评价并不是最后的评判，而是作为领导指导教师教学和教师提高教学质量的一个重要依据。要使教师对学生进行正确评价，就必须将评价与教学指导相结合。

三、教学评价结果要及时反馈

之前已说过很多次，教学评价不能只是为了评价而评价，在进行一系列的工作之后，评价结果就已经出来了，但是评价工作并没有完成。另外，要将评价结果及时告知被评价的对象，将指导意见反馈给他们，这也是一件很重要的事情。在此过程中，教师可以通过反馈及时了解自己的教学情况，找到优点，找到存在的问题，从而做出相应的调整和改进教学工作；让学生对自己的学习情况有个全面的了解，从而发挥自己的优势，弥补自己的不足，进而确定自己的目标。长久以来的教学经验以及很多近代的科学实验都表明，这样做是有非常积极的作用的。

四、教学评价要立足于改革

教学评价制度的变革，实质上就是一种观念的变革。伴随着教育改革的不断深化，教育要从应试教育转向素质教育，这就导致教学目标、课程设置、课程标准、教学内容和教学方法等一系列的变革，也就不可避免地导致教学评价的变革。在小学语文教学评价中，要对能够产生良好心理效应的评价制度进行积极的探讨，要在科学的道路上不断地向前推进，在语文测试中应用现代的教育测量理论，逐渐将测试的目的具体化、测试的过程规范化、测试的功能综合化，特别是对成绩的评价要趋于系统化。比如，将形成性评价与终结性评价、测试评价与观察评价、成绩评价与态度评价、教师评价与学生自我评价等多种评价方式相结合，让评价变成有学生参与的激励机制，从而提高评定成绩的正面效应。

当前，我国的语文教学评价改革正在进行之中，有些学校的教学评价改革经验，特别是“以评代分”的方式，值得借鉴。教师把试卷上的评分，改为由个别评定的总评，甚至对成绩报告单也做了改革，以课程分类、技能提纲等为依据，分别写上“达到”“稍次”“须努力”等简单的评语。其中一些成功的做法，对我们有很大的启示。

参考文献

［1］金翎. 小学语文课堂有效教学研究［D］. 长沙：湖南师范大学，2012.

［2］李桂荣，孙志伟. 跨学科项目式学习在小学语文教学中的实践探索［J］. 河南教育（教师教育），2023（8）：87.

［3］汪先平. 核心素养下小学语文大单元教学策略［J］. 文理导航（下旬），2023（4）：64–66.

［4］张亚，杨道宇. 基于核心素养导向的小学语文教学［J］. 教育探索，2016（10）：21–24.

［5］朱国忠. 新课标背景下小学语文作业设计的新样态［J］. 教学与管理，2022（20）：5–9.

［6］谢好望. 项目化学习：小学语文单元整组作业设计［J］. 基础教育课程，2022（8）：27–32.

［7］路爱好. 浅谈大概念下的小学语文大单元教学设计［J］. 汉字文化，2022（3）：121–122.

［8］田恬，吕佳瑞. 小学语文课程思政的实践探索［J］. 天津师范大学学报（基础教育版），2022（4）：42–45.

［9］都彦梅，赵振群. 新课标背景下的小学语文教学方法［J］. 林区教学，2022（8）：84–87.

［10］肖哲. 核心素养下的小学语文阅读教学策略探究［J］. 语文教学通

讯·D刊（学术刊），2022（4）：59–61.

［11］宋晨溪．“双减”背景下提高小学语文课堂教学效率的策略［J］．辽宁教育，2022（1）：68–70.

［12］何奕宁，吴春彦．小学语文革命文化题材课文教学探索与实践［J］．语文教学通讯·C刊，2022（3）：19–21.

［13］杨新颖，吴欣歆．立足小学语文学业质量的逆向教学设计［J］．语文建设，2022（14）：15–19.

［14］汤瑾．大单元视域下的小学文言文教学［J］．语文建设，2022（8）：36–39.

［15］魏皓洁．小学语文新课标实践思路分析与启示［J］．中小学教师培训，2022（11）：52–55.

［16］王晓琴．学习任务群视域下的小学语文作业设计策略［J］．教育界，2022（19）：81–83.

［17］陶敬轩，俞爱宗．中华优秀传统文化视角下小学语文古诗词教学研究综述［J］．现代教育科学，2022（4）：151–156.

［18］徐林祥，张志强．课改二十年小学语文教学经验与问题［J］．语文建设，2022（6）：10–15.

［19］黄佳秀．学习任务群教学：小学高年级语文教学的有效途径［J］．试题与研究，2022（17）：80–82.

［20］李丽娜．建构主义理论在小学语文的应用研究［J］．汉字文化，2022（3）：113–115.